Brocke · Berdel · Ehrenberg

ATEMTHERAPIE
FÜR SÄUGLINGE UND KINDER

mit Asthma bronchiale
oder obstruktiver Bronchitis

FACHBUCHREIHE KRANKENGYMNASTIK

Physikalische Therapie – Prävention – Rehabilitation

Herausgeberin: Anneliese tum Suden-Weickmann

Mechthild Brocke
Dietrich Berdel • Hilla Ehrenberg

ATEMTHERAPIE

FÜR SÄUGLINGE UND KINDER

mit Asthma Bronchiale oder obstruktiver Bronchitis

VORBEREITUNG FÜR DIE TEILNAHME AM SPORT

PFLAUM VERLAG MÜNCHEN

Mechthild BROCKE, Krankengymnastin
Herzogfreudenweg 1
53125 Bonn
Prof. Dr. med. Dietrich BERDEL,
Chefarzt der Kinderabteilung Marienhospital
Pastor-Janßen-Str. 3–38
46483 Wesel
Hilla EHRENBERG, Krankengymnastin
Keesburgstr. 38
97074 Würzburg

Die Deutsche Bibliothek – CIP-Einheitsaufnahme
Brocke, Mechthild:
Atemtherapie für Säuglinge und Kinder mit Asthma
bronchiale oder obstruktiver Bronchitis/
Mechthild Brocke/Dietrich Berdel/Hilla Ehrenberg.
– München ; Bad Kissingen ; Berlin ; Düsseldorf ; Heidelberg :
Pflaum, 1995
(Fachbuchreihe Krankengymnastik)
NE: Berdel, Dietrich:; Ehrenberg, Hilla:

ISBN 3-7905-0714-8

Satz + Bindung: Pustet, Regensburg
Druck: Pflaum, München

INHALT

VORWORT

Die vorliegende Broschüre füllt eine Lücke, weil eine detaillierte Darstellung der krankengymnastischen/physiotherapeutischen Atemtherapie für Säuglinge mit obstruktiver Bronchitis und Kinder mit Asthma bronchiale bisher fehlte. Die Ausführungen wenden sich daher an Krankengymnasten/Physiotherapeuten. Sie sind eine Ergänzung zu den Selbsthilfetechniken für Erwachsene mit chronisch-obstruktiver Bronchitis, Asthma bronchiale und chronisch-obstruktivem Emphysem. Diese wurden schon vor Jahren in der Broschüre »leichter atmen – besser bewegen« (Siemon/Ehrenberg, 6) veröffentlicht.
Die Darstellung ist nach der Einführung durch den – auf die Atemwegserkrankungen spezialisierten – Kinderarzt gegliedert in die krankengymnastischen Atemtechniken und apparativen Atemhilfen. Die Leser erhalten außerdem Informationen über den gegenwärtigen Stand der medikamentösen Therapie mit Erläuterungen über für Kinder geeignete Applikationsformen bzw. über die verschiedenen Inhalationsmöglichkeiten.

Wichtig war uns

- *die Zusammenstellung von Spielformen, die* nach unserer Erfahrung *stets mit den Atemübungen verbunden werden müssen.*
- *Für Kleinkinder und Schulkinder ist die Anleitung zum sog. antiobstruktiven Verhalten beim Spielen und beim Sport wichtig, damit sie lernen sich* – entsprechend ihrer Tagesform – *Atemerleichterung zu verschaffen.*

Wir haben uns bemüht,

- *Spielformen* darzustellen, *die im Gymnastikraum einer Klinik oder im Behandlungsraum einer Krankengymnastikpraxis geübt werden können.*

Es ist *Aufgabe der Krankengymnasten/Physiotherapeuten*

- nach vorhergehender Atembefunderhebung die *Atemübungen altersgerecht* auszuwählen,
- Kinder mit ihren Eltern zum sog. *antiobstruktiven Verhalten* anzuleiten, so daß die Eltern die Atemverfahren selber ausführen können,
- Kinder über das Erfahren der Atemerleichterung für *das Anwenden der Atemtechnik* zu motivieren,
- *Klein- und Schulkinder* durch dosierte Belastungen *auf Spiel und Sport* in Schule und Verein *vorzubereiten*.

Wir hoffen, mit diesen Ausführungen unsere Kolleginnen und Kollegen für die Atemtherapie mit Kindern zu interessieren und sie in die Lage zu versetzen, den asthmatischen Kindern – ergänzend zur medikamentösen Therapie – ihr zum Teil schweres Los zu erleichtern.

Mechthild Brocke und Hilla Ehrenberg

Die obstruktive Bronchitis oder das Asthma bronchiale im Kindesalter

Die wichtigsten Erkrankungen im Kindesalter, die mit einer Verengung der Atemwege einhergehen und dadurch zu einer obstruktiven Ventilationsstörung führen, sind die akute stenosierende Laryngotracheitis – im Volksmund als Pseudokrupp bekannt –, die rekurrierende obstruktive Bronchitis des Säuglings und jungen Kleinkindes sowie das Asthma bronchiale.

Die rekurrierende obstruktive Bronchitis des Säuglings und das Asthma bronchiale lassen sich nach Ätiopathogenese (Krankheitsentstehung), pathologisch-anatomischem Befund (Erkennung körperlicher Veränderungen) und Klinik nicht scharf voneinander trennen.

Im amerikanischen Sprachgebrauch hat man deshalb eine Einteilung nach dem Alter vorgenommen und bezeichnet jede akute obstruktive Lungenerkrankung im ersten Lebensjahr als Bronchiolitis. Bei über Einjährigen wird die Krankheit dann generell Asthma bronchiale genannt.

Im englischen Sprachgebrauch orientiert man sich an der Zahl der Bronchialobstruktionen gleich welcher Genese (Entstehung) und spricht ab der dritten Atemwegsverengung von gesichertem Asthma bronchiale.

Dieses Vorgehen ist problematisch, denn nur ca. 30% der Kinder mit rekurrierenden obstruktiven Bronchitiden im Säuglings- und Kleinkindesalter haben im späteren Leben ein Asthma bronchiale. Die restlichen

70% sind im späteren Kleinkindes- und Schulalter zumindest beschwerdefrei. Es sollte somit im Säuglings- und jungen Kleinkindesalter bei Vorliegen von wiederholten obstruktiven Ventilationsstörungen mehr von rekurrierender obstruktiver Bronchitis, bei später auftretender Verengung der Bronchien vom Asthma bronchiale gesprochen werden. Nur wenn eine familiäre Atopiebelastung vorliegt oder bei dem Patienten selbst eine Allergie nachgewiesen wurde, sollte man früher von Asthma bronchiale reden (Atopie und Allergie siehe Anhang).

Da somit die obstruktive Bronchitis als Vorläufer des Asthma bronchiale angesehen werden kann, soll im folgenden nur noch auf das Asthma bronchiale eingegangen werden.

Das Asthma bronchiale wird definiert als eine Krankheit mit einer erhöhten Empfindlichkeit (Hyperreaktivität) der Atemwege gegenüber physikalischen, chemischen, pharmakologischen und/oder immunologischen Reizen und einer überwiegend exspiratorischen Behinderung der Atmung, die entweder spontan oder infolge der Behandlung im Schweregrad variabel ist.

Zu den physikalischen Reizen zählt die Inhalation von Kaltluft, ultraschallvernebeltem destillierten Wasser und die forcierte Atmung; zu den chemischen Noxen die Inhalation von Gasen und Dämpfen; zu den pharmakologischen Reizen die Inhalation von Metacholin, Histamin, Acetylcholin und weiteren pharmakodynamischen Substanzen; zu den immunologischen Reizen die Inhalation von Allergenen und im weiteren Sinne auch virale und bakterielle Infektionen (Bordetella pertussis).

Das Asthma bronchiale ist die häufigste chronische Erkrankung im Kindesalter überhaupt. Es sind 5 bis 15% aller Kinder betroffen (*Tabelle 1*). Das Erstmanifestationsalter liegt in über 70% vor dem 10. Lebensjahr.

Kaum eine Erkrankung aus dem Kreis der bronchopulmonalen Krankheiten hat in den letzten Jahren einen derart grundlegenden Wandel in der pathophysiologischen Betrachtungsweise durchgemacht wie das Asthma bronchiale.

Intensive Forschungen haben das Verständnis der Pathophysiologie des Asthmas durch Aufklärung komplizierter Mechanismen auf Zell- und Mediatorebene (Wirkstoffebene) erweitert und ergeben, daß die Grundlage der bronchialen Überempfindlichkeit, die verantwortlich für den

Tab. 1: Inzidenz atopischer Erkrankungen im Kindesalter. Normalpopulation; inhalative Manifestation.

Asthma-häufigkeit (%)	Probanden-zahl (n)	Altersgruppe (J.)	Autor
5,0	221	10–16	HATTEVIG (1987)
6,2	1 396	8–10	HANSEN (1988)
5,2	5 300	16	ANDRAE (1988)
9,0	965	12	BURR (1989)
5,3	1 654	11	CRONER, KJELLMANN (1990)
11,0	9 248	9–11	v. MUTIUS (1991)
15,0	18 800		WARNER (1990)

chronischen Verlauf ist, entscheidend von einer entzündlichen Reaktion der Bronchialwand bestimmt wird.
Histologisch ist das Oberflächenepithel der Bronchien verlorengegangen, das Bindegewebe unter der Basalmembran hat sich verdickt, die Blutgefäße sind dilatiert, es findet sich ein Ödem der Schleimhaut sowie eine Hypertrophie der submukösen Drüsen und der glatten Muskulatur. Hieraus resultiert insgesamt eine Verengung des Bronchiallumens. Darüber hinaus findet sich eine Entzündungszellinfiltration der Mukosa. Diese Entzündungszellen werden auch ins Lumen in den dort bereits vorhandenen zähen Mucus desquamiert (abgeschuppt, abgestoßen), wodurch das Bronchiallumen weiter verkleinert wird.
Es ist davon auszugehen, daß die *bronchiale Entzündungsreaktion* zunächst durch ortsständige intraluminär sowie auch mukös liegende, spezifisch sensibilisierte Mastzellen ausgelöst wird. Ihr folgt dann eine zweite, völlig unterschiedliche Entzündungsform nach, die aus einem eosinophilen Granulozyteninfiltrat besteht. Die direkte pathophysiologische Folge der eosinophilen Entzündungsreaktion ist die Desquamation in das Bronchiallumen sowie die Zerstörung des Bronchialepithels mit Freilegung tieferer muköser Schichten.
Durch diese Vorgänge kommt es auf der einen Seite zu einer gesteigerten Permeabilität für zahlreiche Stoffe, auf der anderen Seite zur *Imbalanz*

im autonomen Nervensystem. Letztere kann bedingt sein durch einen verminderten Sympathikotonus, entweder hervorgerufen durch eine partielle β-adrenerge Blockade oder durch einen verstärkten Vagotonus. Der gesteigerte Parasympathikotonus kann auf einer verminderten Funktion eines nicht adrenergen inhibitorischen Nervensystems oder – wahrscheinlicher – auf einer erhöhten Empfindlichkeit vagaler Rezeptoren beruhen.
Die *klinischen Symptome* sind im wesentlichen die exspiratorische Dyspnoe, das exspiratorische Giemen, die Zeichen der Lungenüberblähung und der Husten.

DIAGNOSTIK

Da es sich beim Asthma bronchiale um die Folgen einer obstruktiven Ventilationsstörung auf dem Boden einer bronchialen Überempfindlichkeit handelt, müssen diagnostisch diese beiden Hauptmerkmale nachgewiesen werden. Wegen der engen Verknüpfung zwischen Atopie und Asthma sollte auch eine Allergiediagnostik durchgeführt werden.

Obstruktive Ventilationsstörung

Der Asthmapatient sitzt bei akut auftretender Atemnot vorgebeugt mit aufgestützten Armen und atmet unter Einsatz der Atemhilfsmuskulatur, was zu jugulären, interkostalen und subphrenischen Einziehungen führt. Es ist bei Tachypnoe eine verlängerte Expirationsphase sowie häufig ein Distanzgiemen festzustellen. Oft besteht eine Zyanose der Lippen und der Akren. Bei länger bestehender Erkrankung ist zusätzlich auf Trommelschlegelfinger und Uhrglasnägel zu achten.
Perkutorisch sind insbesondere bei älteren Kindern tief stehende Lungengrenzen mit geringer Atemverschieblichkeit der Zwerchfelle auszumachen. Es findet sich ein hypersonorer Klopfschall. Bei der im Kindesalter mehr im Vordergrund stehenden Auskultation sind bei verlängertem Exspirium vor allem exspiratorische Nebengeräusche wie Giemen, Brummen, Pfeifen zu hören. Ein leises, kaum wahrnehmbares Atemge-

Tab. 2: Therapiekonzept für das Asthma bronchiale unter Berücksichtigung der Symptome und Lungenfunktion.

I GERINGGRADIGES ASTHMA

Symptome:

- geringe Symptome, die das tägliche Leben oder den Schlaf nicht stören
- Husten und Episoden von Atemnot bis 1 ×/Monat
- FEV_1/PEFR > 80% vom persönlichen Bestwert
- Variabilität FEV_1/PEFR < 20%.

Therapie:

- bei Bedarf kurzwirkende β_2-Mimetika ggf. vor Belastung.

II MITTELGRADIGES ASTHMA

Symptome:

- diskrete Attacken maximal 2 ×/Woche tagsüber, maximal 2 ×/Monat nachts
- teils chronische Symptome (z. B. Husten), die Wachstum und Entwicklung nicht beeinflussen, teils asymptomatisch zwischen den Episoden
- FEV_1/PEFR > 80% vom persönlichen Bestwert (im Intervall).
- Variabilität FEV_1/PEFR < 20%

Therapie:

- bei Bedarf kurzwirkende β_2-Mimetika (maximal bis 2 ×/Woche)
- zusätzlich regelmäßig DNCG 3–4 ×/d, nach Besserung Reduktion auf 2 ×/d (bei ungenügendem Therapieerfolg nach 6 Wochen nächste Therapiestufe, DNCG insgesamt für mindestens 6 Monate).

III AUSGEPRÄGTES ASTHMA

Symptome:

- Episoden starker Atemnot häufiger als 2 ×/Woche tagsüber und 2 ×/Monat nachts
- FEV_1/PEFR 60–80% vom persönlichen Bestwert
- Variabilität FEV_1/PEFR 20–30%.

Fortsetzung nächste Seite

Therapie:

- bei Bedarf kurzwirkende β_2-Mimetika
- zusätzlich regelmäßig DNCG 3–4 ×/d
- zusätzlich regelmäßig inhalative Steroide bis 600 µg/d
- ggf. Steigerung auf 1000 µg/d
- Steroide 4–8 Wochen, dann Therapiekontrolle, ggf. Reduktion
- zusätzlich regelmäßig langwirkende β_2-Mimetika
- Bei Complianceproblemen Verzicht auf DNCG.

IV SCHWERES ASTHMA

Symptome:

- Episoden starker Atemnot an vielen Tagen und häufig nachts
- Zustand mehr chronisch
- FEV_1/PEFR 60–80% vom persönlichen Bestwert
- Variabilität FEV_1/PEFR 20–30%.

Therapie:

- bei Bedarf kurzwirkende β_2-Mimetika
- zusätzlich regelmäßig DNCG 3–4 ×/d
- zusätzlich regelmäßig inhalative Steroide bis 600 µg/d
- ggf. Steigerung auf 1000 µg/d
- Steroide 4–8 Wochen, dann Therapiekontrolle, ggf. Reduktion
- zusätzlich regelmäßig langwirkende β_2-Mimetika (retardiert oral, oder besser inhalativ)
- Bei Complianceproblemen Verzicht auf DNCG.

V SCHWERSTES ASTHMA

Symptome:

- Episoden an den meisten Tagen und Nächten
- Beeinträchtigung des täglichen Lebens
- FEV_1/PEFR $< 60\%$ vom persönlichen Bestwert
- Variabilität FEV_1/PEFR $> 30\%$.

Fortsetzung nächste Seite

Therapie:

- bei Bedarf kurzwirkende β_2-Mimetika
- zusätzlich regelmäßig DNCG 3–4×/d
- zusätzlich regelmäßig inhalative Steroide über 1000 µg/d
- ggf. orale Steroide
- Steroide 4–8 Wochen, dann Therapiekontrolle, ggf. Reduktion
- zusätzlich regelmäßig langwirkende β_2-Mimetika (retardiert oral, oder besser inhalativ)
- zusätzlich oder alternativ zu langwirkenden β_2-Mimetika regelmäßig Theophyllin und/oder Ipratropiumbromid
- Bei Complianceproblemen Verzicht auf DNCG.

Bedeutung der Abkürzungen:

FEV_1, Ein-Sekunden-Kapazität (s. S. 103)

PEFR, Peak exspiratory flow rate (s. S. 103)

DNCG, Dinatriumcromoglicicum

räusch findet man bei der sogenannten stummen Obstruktion, die auf eine schwerste obstruktive Ventilationsstörung hinweist, mit nahezu vollkommener Verlegung der kleinsten Atemwege, nicht zuletzt durch zähen Schleim (mucoid impaction).

Bei der schweren obstruktiven Ventilationsstörung ist neben der klinischen Untersuchung (Inspektion, Perkussion, Auskultation) lungenfunktionsanalytisch lediglich die Bestimmung der Sauerstoffsättigung und die Peak-Flow-Messung notwendig. Beide reichen auch zur Beurteilung der Medikamentenwirkung beim akuten Asthmaanfall aus. Die übrige Lungenfunktionsdiagnostik sollte dann im Intervall durchgeführt werden.

Indikationen zur Lungenfunktionsprüfung sind Diagnosestellung, Schweregradabschätzung sowie die Verlaufskontrolle unter medikamentöser Dauertherapie.

Die Kontrolle des exspiratorischen Spitzenflusses (Peak-Flow, PEFR) versetzt den Patienten in die Lage, sich selbst ein Bild über den aktuellen Zustand seiner Erkrankung zu machen und ggf. die medikamentöse Dauertherapie zu variieren (*s. Tabelle 2*).

Mit der Basisdiagnostik (einfache Spirometrie und einfache Pneumotachographie) wird unter Zuhilfenahme der Peak-Flow-Protokolle der Verlauf in 3- bis 6-monatigen Abständen kontrolliert. Ergibt die Spirometrie und Pneumotachographie (Fluß-Volumendiagramm) in Ruhe Normalwerte (mindestens 4 Stunden nach der letzten Medikamentengabe), wird eine Laufbelastung angeschlossen. Zeigt die Lungenfunktion nach dieser weiterhin Normalwerte, ist die medikamentöse Therapie ausreichend bzw. kann sogar versuchsweise reduziert werden. Kommt es nach Belastung zu einer deutlichen obstruktiven Ventilationsstörung, muß die Therapie intensiviert werden (*s. Tabelle 2*).
Zeigt bereits die Ruhefunktion Zeichen für eine obstruktive Ventilationsstörung, wird die Reversibilität im Bronchospasmolysetest überprüft und die medikamentöse Therapie intensiviert.

Bronchiale Überempfindlichkeit

Die Diagnosestellung des Asthma bronchiale im symptomarmen oder -freien Intervall und die Schweregradabschätzung machen meist eine erweiterte Lungenfunktionsdiagnostik notwendig. Denn hier kommt es darauf an, den Grad der Empfindlichkeit der Atemwege festzustellen. Dies gelingt am besten durch standardisierte Provokationstests. Hierzu zählen die Laufbelastung, die Kaltluftinhalation und die Inhalation mit unterschiedlichen pharmadynamischen Substanzen (Histamin, Metacholin, Carbachol, Acetylcholin); aber auch eukapnische Hyperventilation, osmolare Stimuli und Luftschadstoffe (Schwefeldioxid, Tabakrauch, Ozon) und andere mehr werden zur Klärung wissenschaftlicher Fragestellungen unter standardisierten Bedingungen eingesetzt.
Diese Methoden bleiben in der Regel nicht zuletzt wegen des hohen Aufwandes Kliniken vorbehalten.

Allergiediagnostik

Da im Kindesalter mehr als im Erwachsenenalter eine allergische Genese mitverantwortlich für die Entstehung des Asthma bronchiale ist, sollte eine allergologische Diagnostik bei dieser Erkrankung immer mit durchgeführt werden.
Der Erfolg einer allergologischen Diagnostik beruht in erster Linie auf einer gezielten Anamnese des Kindes und seiner Familie unter besonde-

rer Berücksichtigung von speziellen Lebensumständen und Lebensgewohnheiten des Patienten.
Im Anschluß an die Anamnese ist die Hauttestung (z. B. Prick-Test) der wichtigste Pfeiler der Allergiediagnostik. Nach einem schematisierten Verfahren werden die häufigsten Allergene untersucht (Inhalationsallergene, Nahrungsmittel, Insektengifte, aber auch Medikamente), wobei natürlich auch bei Kindern die Auswahl der Allergene durch anamnestische Angaben, besonders örtliche und zeitliche Bezüge zu den Beschwerden, mitbestimmt wird. Im Kindesalter wird vorwiegend der modifizierte Prick-Test durchgeführt, der schon bei sehr kleinen Kindern mit Erfolg vorgenommen werden kann, da bereits die Haut von älteren Säuglingen und Kleinkindern bei vorliegender Sensibilisierung eindeutig positiv reagiert.
Eine weitere Möglichkeit für die Allergieanalyse besonders bei kleineren Patienten sind die In-vitro-Teste, vor allem der **R**adio-**A**llergo-**S**orbent-**T**est (RAST) bzw. der Enzymimmunoassay.

THERAPIE *(s. Tabelle 2)*

Neben dem Einsatz der Atemtherapie (Physiotherapie), der Ausnutzung von Klimafaktoren und der möglichst strikten Allergenkarenz bei nachgewiesener Sensibilisierung des Manifestationsorgans ist der rechtzeitige Beginn einer *medikamentösen Therapie* bei Asthma bronchiale prognostisch entscheidend. Ziel der medikamentösen Therapie muß es sein, die akute Atemwegsobstruktion rasch zu beseitigen und längerfristig den die Überempfindlichkeit unterhaltenden entzündlichen Prozeß der Atemwegsschleimhaut zu unterdrücken. Das daraus resultierende Konzept der Asthmatherapie beinhaltet demnach konsequenterweise den kombinierten Einsatz von antiinflammatorisch (antientzündlich) und antiobstruktiv (erweiternd) wirkenden Antiasthmatika (*s. Tabelle 3*).

Zu den *Entzündungshemmern* zählen Dinatrium cromoglicium (DNCG), Nedrocromil, Corticosteroide und Ketotifen. Die Hauptwirkungsmechanismen der Entzündungshemmer bestehen in einer Senkung der Mediatorenproduktion (Überträgerstoffproduktion) und in einer Membranstabilisierung von Entzündungszellen. Ihr Wirkungseintritt ist verzögert.

Zu den *Bronchodilatatoren* zählen Beta-2-Adrenergika, Anticholinergika und Xanthinderivate. Sie zeichnen sich durch einen raschen Wirkungseintritt aus. Der Hauptangriffspunkt dieser Medikamentengruppe liegt – vereinfacht dargestellt – darin, daß sie das freie intrazelluläre Kalzium vermindern, entweder durch Drosselung des Kalziumeinstroms in die Zelle oder durch Überführung von intrazellulär freiem in gebundenes Kalzium. Hierdurch werden die an der Bronchialobstruktion beteiligten Zellen – nicht nur die Zellen der glatten Bronchialmuskulatur, sondern auch die entzündungsvermittelnden Zellen in den Bronchien – weniger reagibel.
In der Akuttherapie, wo es darauf ankommt, dem Patienten möglichst rasch wieder ein freies Atmen zu ermöglichen, kommen in erster Linie die Bronchodilatatoren zum Einsatz. Es ist heute unumstrittener Konsens, daß für die Dauertherapie die antiinflammatorisch wirkenden Medikamente die Hauptrolle spielen. Ihr permanenter Einsatz ist für die Prognose des Asthma bronchiale entscheidend.
Die Frage, ob neben der Basistherapie mit einem Entzündungshemmer Bronchodilatatoren regelmäßig oder nur bei Bedarf gegeben werden sollten, ist nicht eindeutig geklärt und wohl auch vom Schweregrad des Asthma bronchiale abhängig. Sicher ist jedoch, daß eine ausschließliche Bedarfstherapie mit antiobstruktiv wirkenden Antiasthmatika bei Kindern nicht ohne Risiko ist, da gerade Kinder ihren Bedarf nicht richtig einschätzen können und wollen. Vielerorts wird deshalb der regelmäßigen Gabe von antiinflammatorisch *und* antiobstruktiv wirksamen Medikamenten der Vorzug gegeben, insbesondere dann, wenn es sich um schwere Verlaufsformen des Asthma bronchiale handelt.
Anzustreben ist nicht nur eine subjektive Symptomfreiheit, sondern auch eine objektiv normale Lungenfunktion in Ruhe und bei Exposition gegenüber asthmaauslösenden Stimuli (Allergene, körperliche Belastung, virale Infekte) unter größtmöglicher Vermeidung von Nebenwirkungen.
Diesem Ziel kommt die Inhalation von Antiasthmatika durch direkte Wirkung am Erfolgsorgan, durch schnelleren Wirkungseintritt und im Vergleich zur systematischen Gabe geringerer Medikamentenmenge entgegen. Die Inhalationstherapie ist daher sowohl zur Behandlung des akuten Asthmaanfalls als auch in der Dauertherapie inzwischen allge-

Tab. 3: Medikamentenliste der wichtigsten Antiasthmatika – getrennt nach Bronchodilatatoren und Entzündungshemmern (DA = Dosieraerosol).

Substanzgruppe	Applikationsform
BRONCHODILATATOREN	
β-2-Mimetika	
– Salbutamol:	DA, Inhalationslsg., Injektionslsg., Tabletten, Retardtabletten, Pulver, Zäpfchen
– Terbutalin:	Pulver, DA, Tabletten, Retardkapseln, Injektionslsg., Inhalationslsg., Saft
– Orciprenalin:	DA, Inhalationslsg., Tabletten, Infusionslsg., Injektionslsg.
– Clenbuterol:	Tabletten, Saft, Tropfen
– Carbuterol:	DA, Tabletten
– Fenoterol:	DA, Pulver, Inhalationslsg., Saft, Tabletten, Infusionslsg.
langwirkende β-2-Mimetika	
– Salmeterol:	Pulver, DA
– Formoterol:	DA
Atropinderivate	
– Ipratropiumbromid:	DA, Pulver, Inhalationslsg.
– Oxitropiumbromid:	DA, Pulver, Inhalationslsg.
Xanthinderivate	
– Theophyllin:	Tabletten, Retardtabletten, Retardkapseln, Retardpellets, Brausetabletten, Tropfen, Zäpfchen, Injektionslsg.
ENTZÜNDUNGSHEMMER	
Dinatriumcromoglicicum	
– Cromoglicinsäure:	DA, Pulver, Inhalationslsg.
Steroide	
– Beclomethasondipropionat:	DA, Pulver
– Budesonid:	DA, Pulver, Inhalationslsg.
– Flunisolid:	DA
– Fluticason:	DA, Pulver

mein anerkannt. Wichtig für die Ablagerung des Inhalates ist die *Partikelgröße,* das *Inhalationsmuster* und die *Atemwegsgeometrie.*

- *Partikelgröße:* Partikel mit einem Durchmesser zwischen 2,5 und 8,5 µm werden impaktiert. Sie werden im Mund und an der Rachenwand, d. h. im Oropharynx und in den zentralen Bronchien deponiert. Ausschlaggebend ist aber für die Inhalationsbehandlung beim Asthma bronchiale und der obstruktiven Bronchitis der Kleinkinder die Sedimentation. Das bedeutet, die Partikel mit einem Durchmesser von 1,0 bis 5,0 µm gelangen durch das Röhrensystem der Atemwege infolge des Schwerkrafteffekts bis in die mittleren Bronchien (12.–16. Generation des Bronchialbaumes).
- *Inhalationsmuster:* Dabei ist das Atemvolumen zu berücksichtigen. Der Sprühstoß aus dem Inhalationsgerät soll in der Mitte der Einatmung ausgelöst werden, d. h. wenn die Atemwege schon weit gestellt sind. Es ist also wichtig, bei der Inhalationstherapie darauf zu achten, daß der Patient etwas einatmet und nach Auslösen des Inhalationsnebels weiter einatmet. Auch der Inhalationsfluß ist wichtig. Der Patient soll langsam einatmen und am Ende der Einatmung die Luft etwas anhalten, damit die Deposition der Partikel mit dem angelagerten Medikament weiter fortschreiten kann.
- *Atemwegsgeometrie:* Die Geometrie der Atemwege ist wichtig, denn je enger ein Röhrensystem ist, um so weniger kommt vom Inhalat in die Peripherie der Atemwege. Beim Säugling und Kleinkind gelangt daher weniger Inhalat in die Bronchien als beim größeren Kind und beim Erwachsenen.

Inhalationsmöglichkeiten

Es gibt drei Möglichkeiten zu inhalieren: [1.] mit Kompressorgeräten, [2.] mit Dosieraerosolen und [3.] mit Pulver.
Die Inhalation mit Kompressorgeräten ist zeitaufwendiger als die mit Dosieraerosolen oder Pulver. Sie ist aber sehr effizient. Trotzdem gibt es in der Dauertherapie Probleme mit der Compliance, da viele Kinder eine 3 × tägliche Inhalation von 10 bis 20 Minuten bei Wohlbefinden ablehnen. Es wurden daher Vernebler entwickelt, die eine Inhalationszeit von

weniger als 8 Minuten ermöglichen, wodurch auch die Compliance der kleinen Patienten verbessert wird.
Trotzdem hat es sich bei vielen Kindern bewährt, die Kompressorinhalation in Abhängigkeit von der Klinik mit der Inhalation aus einem Dosieraerosol oder mit der Pulverinhalation zu kombinieren oder in der Dauertherapie evtl. ganz zu ersetzen.
Bei der Betätigung des Dosieraerosols werden von Kindern und Erwachsenen viele Fehler gemacht. Diese beziehen sich vor allem auf die atemsynchrone Auslösung des Sprühstoßes bzw. Hubs (siehe Handhabung im Anhang). Es ist eine gute Anleitung von Eltern und Kindern nötig.
Um die fehlende Koordination zwischen Auslösung des Hubs und der Einatmung zu überbrücken, wurden sog. Inhalationshilfen = Spacer entwickelt. Das sind Hohlraumsysteme, die zwischen Dosieraerosol und Mund eingeschaltet werden. Diese Inhalationshilfen gewährleisten eine gewisse Distanz des Dosieraerosolbehälters zum Mund. Es bildet sich nach Auslösung des Hubs ein Nebel im Spacer. Dieser Nebel kann dann unabhängig von der Betätigung des Dosieraerosols eingeatmet werden.
Die Länge der Spacer richtet sich nach der Teilchengröße der Aerosole und ist daher unterschiedlich.
Durch die Einführung der Inhalationshilfen und von speziellen Babyverneblern ist der Erfolg der Aerosolbehandlung asthmatischer Säuglinge und junger Kleinkinder größer geworden.
Entscheidend für den Einsatz von Inhalationshilfen im Kindesalter ist, daß die Spacer ein Ventil besitzen, durch das gewährleistet ist, daß das Einatmen nur durch den Spacer und das Ausatmen nur direkt in die Raumluft erfolgen kann. Für Kinder sind deshalb derzeit nur die Inhalationshilfen Volumatic®, Nebulator®, Babyhaler® und Aerochamber® zu empfehlen. Im Säuglings- und Kleinkindesalter werden diese Inhalationshilfen an eine Gesichtsmaske, z. B. der Fa. Laerdal oder Ambu, adaptiert, so daß auch hier die Inhalation mit Dosieraerosolen möglich ist.
Nachdem die medikamentöse Asthmatherapie bisher national und international uneinheitlich durchgeführt wurde, hat eine internationale Expertengruppe eine Therapieempfehlung erarbeitet. In Anlehnung an diese Therapieempfehlung, die in Abhängigkeit vom Schweregrad des Asthma bronchiale eine unterschiedliche Medikamentenkombination empfiehlt, wurde das in Tabelle 2 wiedergegebene Therapiekonzept erstellt. Hier

wird neben Asthmasymptomatik auch noch die Lungenfunktion zur Schweregradeinteilung herangezogen. Entscheidend ist, daß eine Therapiestufe nicht festgeschrieben wird, sondern man in Abhängigkeit von Symptomen und Peak-Flow-Werten von einer zur anderen Stufe übergeht. Dieses Behandlungssystem ist natürlich für die Behandlung des schweren Asthmas nicht ausreichend, da hier neben der Inhalationstherapie intensivere Maßnahmen ergriffen werden müssen. Folgt man den in Tabelle 2 aufgestellten Empfehlungen und setzt inhalative Steroide auch bei geringerem Schweregrad und bereits bei Säuglingen ein, wird sich nach heutigem Erkenntnisstand auch die Prognose des Asthma bronchiale bessern.

KRANKENGYMNASTIK/PHYSIOTHERAPIE

Es ist Aufgabe der Atemtherapie in der Krankengymnastik/Physiotherapie, die medikamentöse Therapie der obstruktiven Atemwegserkrankungen im Kindesalter zu ergänzen und zur Krankheitsbewältigung von Kindern und ihren Eltern beizutragen. Die Therapie des Säuglings und des Kleinkindes unterscheidet sich von der Therapie der älteren Kinder, weil die Obstruktion der Atemwege in erster Linie durch eine übermäßige Produktion zähen Schleims (Dyskrinie) mit entzündlichen Veränderungen der Schleimhaut im Sinne der obstruktiven Bronchitis hervorgerufen wird. Beim Asthma bronchiale der älteren Kinder überwiegt der Bronchospasmus (s. S. 55).
Zur Atemtherapie in der Krankengymnastik/Physiotherapie gehören:

- die Atembefunderhebungen
- die Auswahl der Behandlungstechniken
- die Information von Eltern und Kindern über deren Wirkung und Anwendung.

Die *Atembefunderhebung* (Kurzbefund) erfolgt mit der Kontaktaufnahme über altersspezifische Zuwendung mit Spielzeug und/oder Gespräch, in das die Eltern einbezogen werden. Dabei beobachten wir das Verhalten des Kindes, d. h. ob es unruhig, überaktiv oder ängstlich zurückhaltend ist. So können wir sofort auch die wichtigsten klinischen

*Beispiel für einen **Kurzbefund** bei der ersten Behandlung*

Wie oft Asthmaanfälle:	___________
Wie ist das Intervall:	beschwerdefrei / immer Symptome / welche: ______________________________
	______________________________
Belastungs-Asthma:	ja / nein
Allergien:	______________________________
Schulsport:	ja / nein
sonstige Sportarten:	______________________________
Atemfrequenz:	6- bis 12-Jähr.: 20–25/Min. Jugendliche: 15–20/Min.
Atemtyp:	kostosternal/kostoabdominal Atemhilfsmuskeleinsatz interkostale Einziehungen/jugulare Einziehungen Zwerchfellthoraxwandantagonismus
Atemphasen:	______________________________
Gesichtsausdruck:	______________________________
Zyanose:	______________________________
Atemnebengeräusch:	______________________________

Zeichen der Atemwegsobstruktion erkennen, wie Atemtyp usw. Andere Zeichen einer nicht ausreichenden Atmung, wie veränderte Hautfarbe des Gesichtes und der Gliedmaßen, Trommelschlegelfinger, Nasenflügeln oder ängstlicher Gesichtsausdruck können ebenfalls vorhanden sein. Im Laufe der Behandlung komplettieren wir den Befund entsprechend dem Befundbogen.

ATEMBEFUNDERHEBUNG

I. ATEMFORM

Körperstellung: Rückenlage, Bauchlage, Sitz je nach Befinden des Patienten.

Atemweg: Mund, Nase.

Atembewegungen:

- abdominal oder ventral
- kostosternal nach kranial, nach ventral
- inspiratorischer Atemhilfsmuskeleinsatz (Hals)
- exspiratorischer Bauchmuskeleinsatz
- Zwerchfell-Thoraxwand-Antagonismus
- respiratorische Alternanz infolge Atemmuskelermüdung (Wechsel von Bauch- und Brustatembewegungen)
- inspiratorische Einziehung des Abdomens infolge Zwerchfellermüdung.

Atemfrequenz

- Säugling normal 35–45/Min.
- Kleinkind normal 30/Min.
- Schulkind normal ca. 18/Min.
- Jugendliche normal 16/Min.

Atemrhythmus:

- unauffällig
- verlängerte Ausatmung.

Atemnebengeräusche:

- beim Säugling und Kleinkind »anstoßend – stöhnend«
- inspiratorischer Stridor
- exspiratorisches Giemen und Brummen
- in- und exspiratorisches Trachealrasseln.

II. HAUTFARBE – PULS

- *Gesicht:* rot, blaß, zyanotisch, periorale Bläße
- Pulsfrequenz (wenn erforderlich).

III. OBERKÖRPER – THORAX

- *Oberkörperhaltung:* protrahierte Schultern, Rundrücken
- *Thoraxform:* unauffällig, stark gewölbt, Thorax piriformis.

IV. MUSKELTASTBEFUND

- Verkürzung des M. pectoralis, der ischiokruralen Muskeln, des M. gastrocnemius
- Tonuserhöhungen in den Muskeln des Nackens.

V. MOTORISCHER ENTWICKLUNGSSTAND

- altersentsprechend oder retardiert.

VI. BESCHWERDEN (nach Angaben der Eltern, der älteren Kinder und Jugendlichen)

- *Dyspnoe (Atemnot):* in Ruhe anfallsartig, am Tage, nachts, während und nach Belastung, bei Aufregung
- *Husten:* produktiv, bellend, lang anhaltend.

ERGÄNZEND ZUM ATEMBEFUND
WIRD EIN FRAGEBOGEN – wenn möglich –
***VON DEN ELTERN** AUSGEFÜLLT:*

1. Wurde eine Allergie festgestellt? ja nein

2. Wenn ja, welche Allergie? ______________________________

   ____

3. Ist Teilnahme am Schulsport möglich? ja nein

4. Welche Sportarten sind außerhalb der Schule möglich? ________

   ____

5. Welche Medikamente werden genommen? ________________

   ____

6. Wird inhaliert? ja nein

   Wenn ja, mit welchem Medikament? ____________________

7. Welche Frühwarnzeichen vor einem Asthmaanfall werden beobachtet?

- Kind gibt Enge in der Brust an
- Kind hat starken Husten
- Kind ist unruhig
- Kind möchte allein sein

(Zutreffendes unterstreichen)

Atemtherapie für Säuglinge mit obstruktiver Bronchitis

Akutphase

Die Akutphase ist gekennzeichnet durch hochfrequentes Atmen mit bis zu 70 Atemzügen/Min. und Geräusche während der Ausatmung. Bei der Einatmung kann ein Stridor auftreten. Bei viel Sekret ist in- und exspiratorisches Trachearasseln zu hören. Der Mund ist geöffnet und die Atembewegungen sind im Sinne des Zwerchfell-Thoraxwand-Antagonismus verändert. Dieser entsteht, wenn durch die exspiratorische Atemwegsobstruktion die Lunge überbläht und das Zwerchfell horizontal steht. Dieses zieht dann bei der Inspiration die unteren Rippen nach innen, während der Bauch sich hebt (*Abb. 1*).

Abb. 1: Säugling mit Zwerchfell-Thoraxwand-Antagonismus.

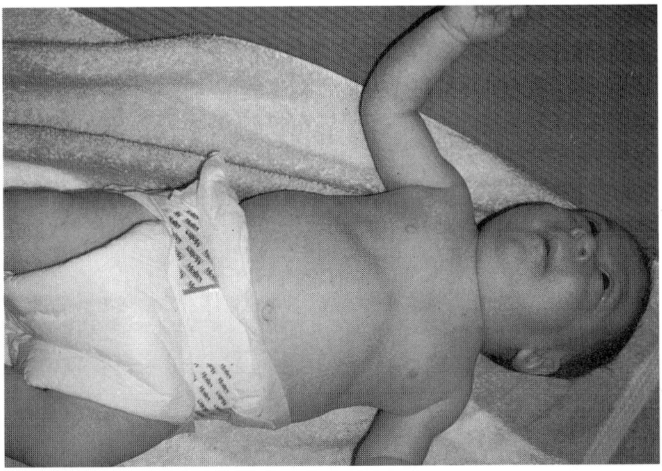

Wir beobachten auch ein inspiratorisches Einziehen des Abdomens als Kennzeichen für Zwerchfellermüdung bei Säuglingen, die über längere Zeit erschwert atmen müssen. Eine typische Atemform bei erschwerter Atmung ist das inspiratorische Einziehen der parasternalen Interkostalräume bei eingezogenem Sternum als Folge des starken inspiratorischen Sogs. Die Säuglinge haben eine blasse Gesichtsfarbe, können Bewegungsunruhe – bei starker Erschöpfung – auch Bewegungsarmut zeigen.

BEHANDLUNGSZIEL

Verbesserung der bronchialen Reinigung.

Wichtige Voraussetzung für die Behandlung ist die Beruhigung des Säuglings und eine Stellung, die dem Säugling Atemerleichterung bietet und Kontaktaufnahme zuläßt.

BEHANDLUNGSTECHNIKEN

INHALATION ZUR SEKRETVERFLÜSSIGUNG UND BRONCHIALERWEITERUNG

Die Säuglinge inhalieren durch die Maske mit dem Inhaliergerät, im Sitz auf dem Schoß des Behandlers oder der Mutter, nach Anordnung des Arztes ein- bis viermal täglich mit 2 ml physiologischer Kochsalzlösung und/oder den vom Arzt verordneten Medikamenten. Man läßt den Inhalationsnebel ohne Unterbrechung fließen, da die Koordination Einatmen durch den Mund mit gleichzeitiger Auslösung des Nebelstroms erst später beim älteren Kleinkind gelingt.

Die Firma PARI entwickelte Vernebler, die speziell für Säuglinge geeignet sind (*Abb. 2a, 2b*).

Die PARI Baby Vernebler haben eine weiche Silikonmaske und ein frei drehbares Winkelstück zwischen Vernebler und Maske, somit ist die Inhalation im Sitzen und auch im Liegen durchführbar. Die feine Tröpfchengröße beim PARI Baby S ermöglicht die Inhalation von Medikamenten, die in den peripheren Atemwegen deponiert werden müssen, und minimiert gleichzeitig die Mund- und Rachendeposition. Der Totraum wurde bei den PARI Baby Verneblern auf das geringe Atemzugvolumen von Säuglingen und Kleinkindern abgestimmt.

Der Aerosolverlust während der Exspiration ist gering.

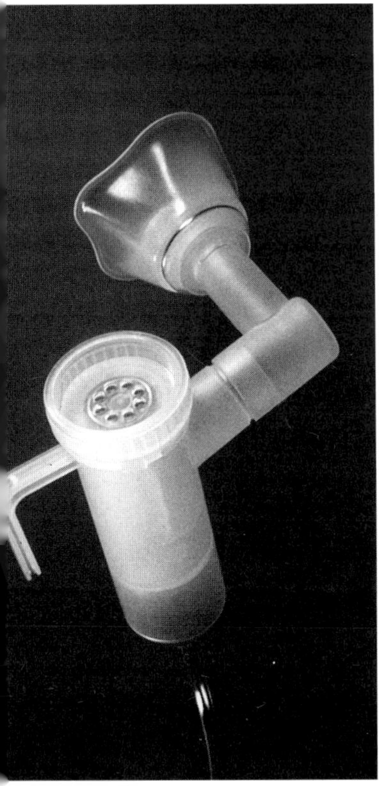

Abb. 2a: PARI Baby Vernebler.

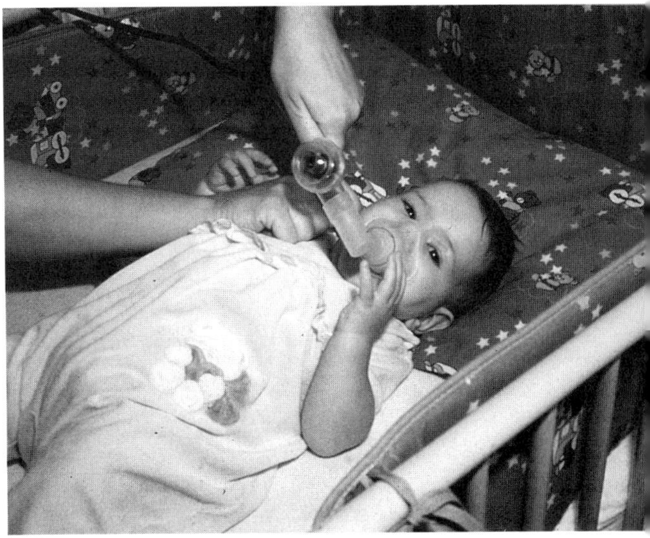

Abb. 2b: PARI Baby S Vernebler.

DRAINAGELAGEN UND LAGEWECHSEL ZUM SEKRETTRANSPORT

Die Schwerkraft unterstützt während der Drainagelagen und beim Lagewechsel den Transport des verflüssigten Sekretes. Wir unterscheiden Lagerungen für die oberen, mittleren und unteren Brustkorbabschnitte. Sie können im Bett, auf dem Schoß oder Arm der Mutter bzw. Behandlerin oder auf dem Pezziball ausgeführt werden (*Abb. 3–7*).

In diesen Drainagelagen atmet der Säugling besonders dann leichter, wenn die erhöhte Atemfrequenz etwas absinkt und tiefere Atemzüge entstehen.

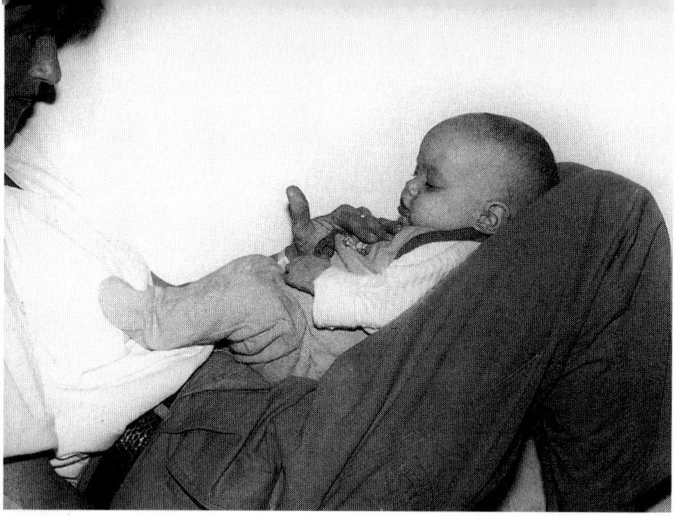

Abb. 3: Kopfhochlage für den oberen Brustkorbabschnitt in Rückenlage.

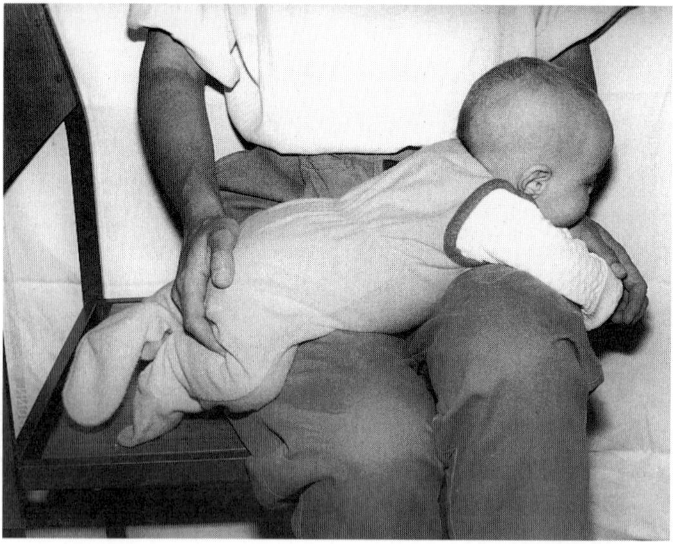

Abb. 4: Kopfhochlage für den oberen Brustkorbabschnitt in Bauchlage.

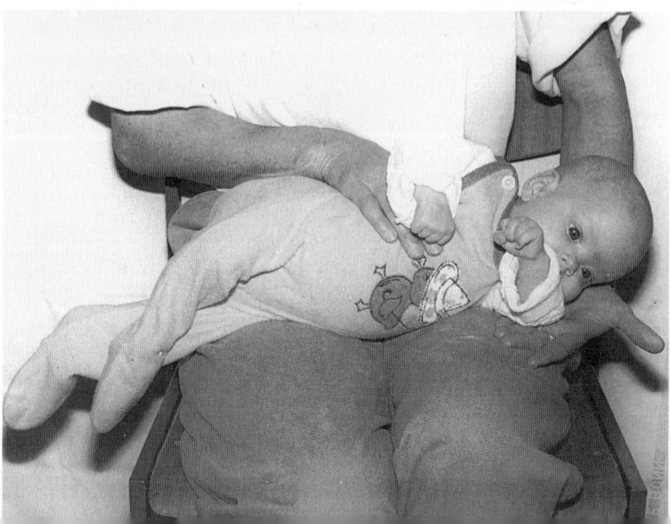

Abb. 5: Horizontale Lagerung für den mittleren Brustkorbabschnitt in Seitlage.

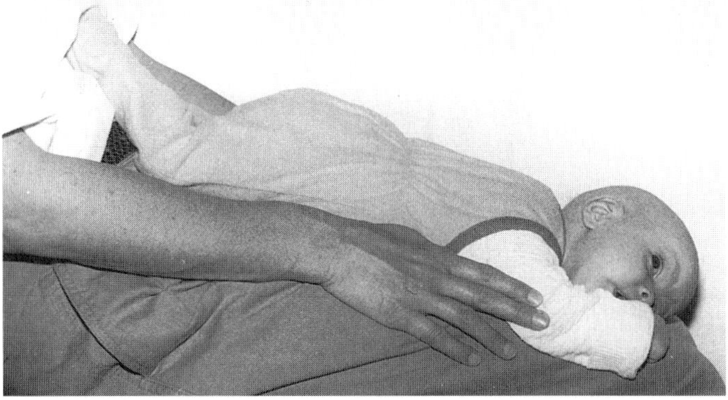

Abb. 6: Kopftieflage für den unteren Brustkorbabschnitt in Bauchlage.

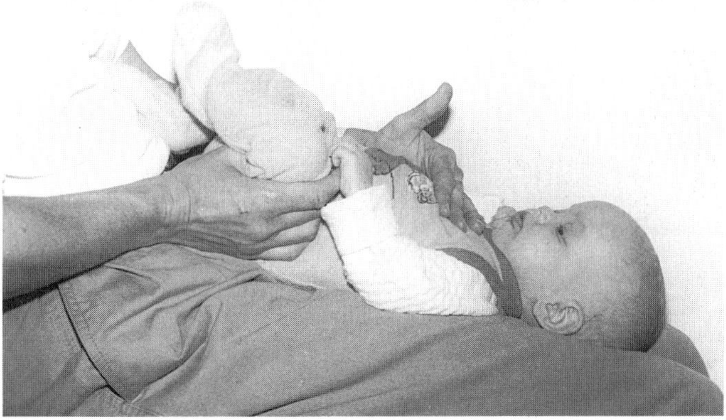

Abb. 7: Kopftieflage für den unteren Brustkorbabschnitt in Rückenlage.

MANUELLE TECHNIKEN ZUM SEKRETTRANSPORT IN DRAINAGELAGEN

Mit beiden Händen auf dem Brustkorb ausgeführte *Kompressionen* werden während der Ausatmung in den Drainagelagen über den seitlichen unteren und hinteren Rippen sowie vorne auf dem oberen Brustkorb ausgeführt. Sie können bei jeder Ausatmung eingesetzt werden, wenn die Atemfrequenz nicht zu hoch ist. Bei einer Atemfrequenz über 60/Min. wird bei jeder zweiten bis dritten Ausatmung komprimiert. Bei zu starker Kompression kann die Herzfrequenz des Säuglings ansteigen. Daher sollten die Kompressionen leicht ausgeführt werden – in der Klinik unter Monitorkontrolle. Wir nehmen an, daß die Kompressionen über Weiten- und Längenschwankungen der Bronchien und Bronchiolen den Sekrettransport unterstützen (*Abb. 8, Abb. 9*).

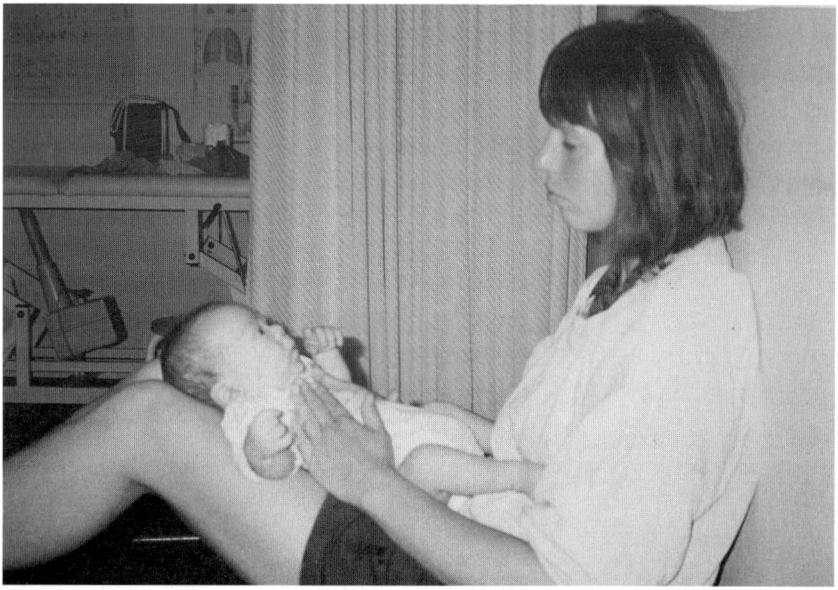

Abb. 8: Thoraxkompression während der Ausatmung mit beiden Händen.

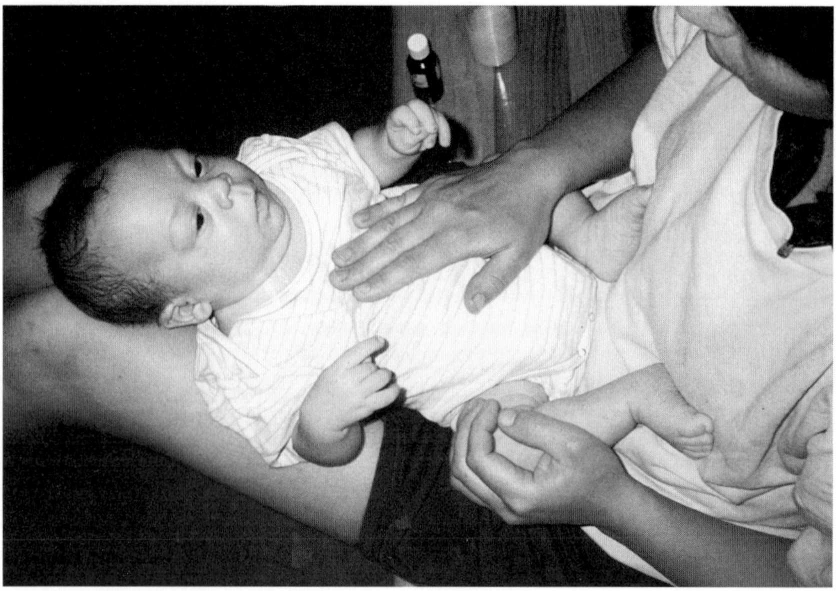

Abb. 9: Thoraxkompression während der Ausatmung mit einer Hand.

Mit beiden Händen am Brustkorb ausgeführte *Vibrationen,* die sich auf den Brustkorb übertragen, können in allen Drainagelagen über den vorderen und hinteren Brustkorbabschnitten angewandt werden. Sie können unabhängig vom Atemrhythmus, aber auch in Verbindung mit der Kompression des Brustkorbes während der Ausatmung ausgeführt werden. Das ist für Eltern aber schwierig.
Schüttelungen des Brustkorbes in Bauch- und Rückenlage können den Sekrettransport unterstützen. Dabei umfaßt die Behandlerin das Becken des Kindes und bewegt es mehrmals auf und ab oder bewegt Becken und Schultergürtel in Seitlage gegeneinander. Die Brustkorbschüttelungen werden unabhängig vom Atemrhythmus ausgeführt. Sie können auch auf dem Pezziball in verschiedenen Drainagelagen angewandt werden und zwar durch Schaukeln des Balles.
Die Drainagelagen werden – wie beschrieben – mit den manuellen Techniken im Bett, auf dem Schoß, auf dem Pezziball oder auf der Bodenmatte ausgeführt. Die Drainagelagen und der Lagewechsel werden mehrmals wiederholt. Dann wird in einer atemerleichternden Körperstellung (s. Abb. 13, S. 37) eine kurze Pause von einigen Minuten eingeschaltet, um den Sekrettransport abzuwarten. Die früher viel angewandten Klopfungen mit den Fingerkuppen auf dem Brustkorb wenden wir heute nicht mehr an. Wir erzielen wenig gute Ergebnisse und ziehen daher die Brustkorbschüttelungen und Brustkorbkompressionen während der Ausatmung vor.

ATEMERLEICHTERNDE KÖRPERSTELLUNGEN FÜR SÄUGLINGE ZUM ABWARTEN DES SEKRETTRANSPORTES UND ZUM AUSRUHEN

Mehrere Stellungen haben sich bewährt:

1. Bauchlage (*Abb. 10*)
2. Rückenlage auf dem Schoß
3. Kopfhochlage auf einem Keil (*Abb. 11*)
4. Rückenlage mit kleiner Rolle unter der Brustwirbelsäule (*Abb. 12*)
5. Haltung auf dem Arm (*Abb. 13*).

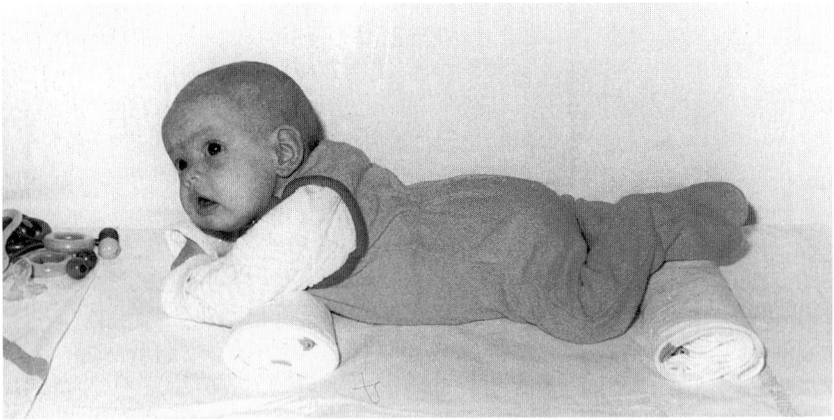

Abb. 10: Atemerleichternde Körperstellung des Säulings auf dem Bauch.

Abb. 11: Kopfhochlage auf einem Keil zur Atemerleichterung.

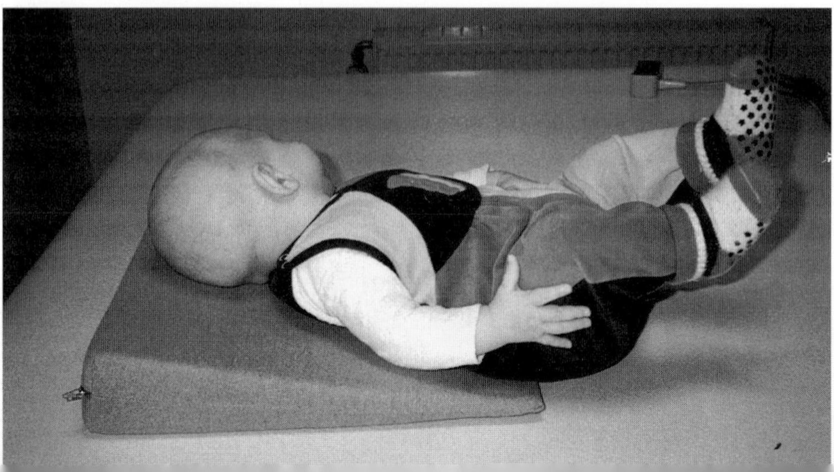

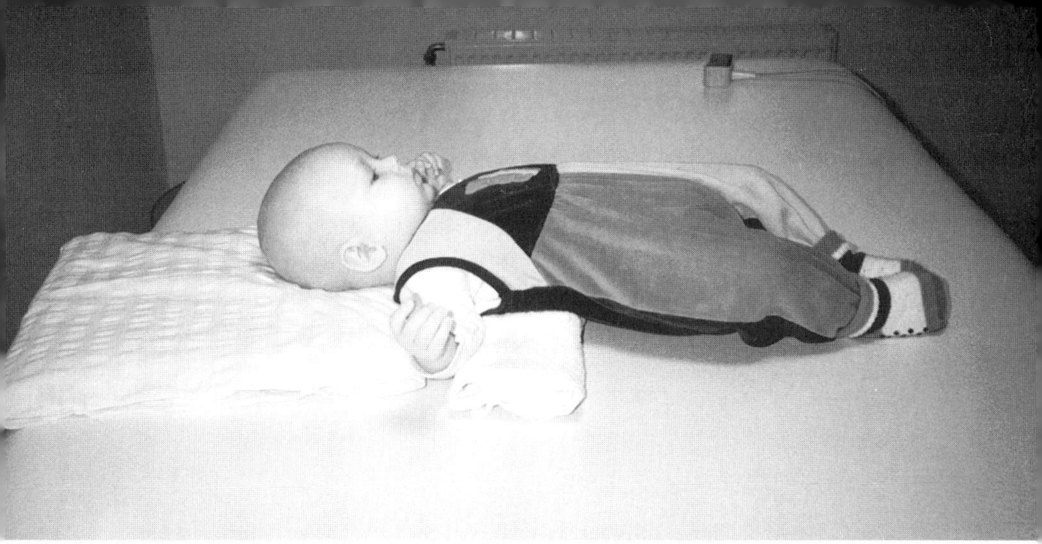

Abb. 12: Rückenlage mit kleiner Rolle unter der Brustwirbelsäule zur Atemerleichterung.

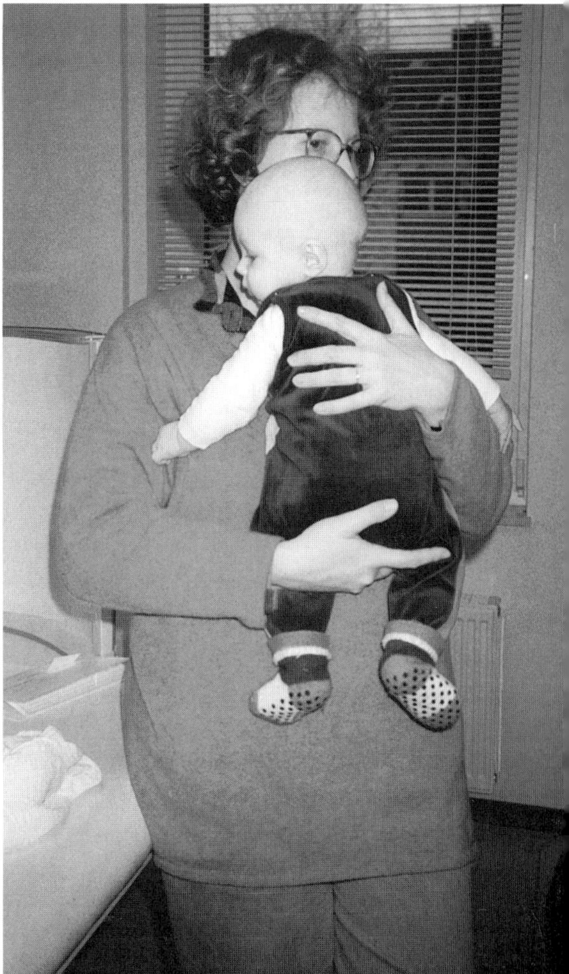

Abb. 13: Haltung auf dem Arm zur Atemerleichterung.

HUSTEN ZUR SEKRETENTFERNUNG (SEKRETELIMINATION)

Der Hustenstoß des Säuglings ist nur ein Anhusten, denn er kann bei der hohen Atemfrequenz kein großes Atemzugsvolumen aufbauen. Darum muß das Anhusten des Säuglings unterstützt werden durch Kompression des Brustkorbes auf dem Brustbein während der Ausatmung, wenn ein Rasseln des Sekretes in den oberen Atemwegen zu hören und unter der Hand des Behandlers zu spüren ist (*s. Abb. 8, Abb. 9,* S. 34). Die Kompression erzeugt eine schnelle Luftströmung, die für einen effektiven Hustenstoß erforderlich ist. Die Kompression muß mit dem Anhusten des Säuglings koordiniert sein.

Die Dauer der Behandlung richtet sich nach dem Verhalten des Säuglings und kann zwischen 10 und 20 Minuten variieren.

Wichtig ist bei all diesen Übungen, daß sie spielerisch durchgeführt werden und das Kind gern mitmacht, denn jede psychische Alteration verstärkt die bronchiale Obstruktion.

Atemtherapie für Kleinkinder mit obstruktiver Bronchitis

AKUTPHASE

Kleinkinder mit obstruktiver Bronchitis husten häufig. Dabei sind Produktion und Konsistenz des Schleims unterschiedlich. Neben müheloser Schleimabgabe beobachten wir auch einen quälenden unproduktiven Husten, der sich beim Bewegen verstärkt. Nächtliche Hustenattakken treten auf und stören den Schlaf.

Da die Atemwege des Kleinkindes (wie beim Säugling) natürlicherweise einen geringeren Durchmesser haben als die der Schulkinder und Erwachsenen, verursacht eine Atemwegsverengung, bedingt durch Schleimhautschwellung, Dyskrinie und Spasmus der glatten Bronchialmuskulatur, in diesem Alter eine verhältnismäßig starke Behinderung der Atmung, d. h. einen Anstieg des Atemwegswiderstandes (Resistance).

Physikalisch ausgedrückt ist die Stromstärke (i) das in der Zeit (t) durch ein Rohr fließende Volumen (V) einer Flüssigkeit oder eines Gases, d. h.:

$$i = V/t \quad (cm^3/s)$$

Für eine gleichförmige (laminare) Strömung ist nach dem Hagen-Poiseulle-Gesetz (HPG) die Stromstärke in einem zylindrischen Rohr proportional zur 4. Potenz seines Durchmessers und umgekehrt proportional zu seiner Länge und zur Viskosität der durchströmenden Substanz, d. h.:

$$i = \frac{\pi r^4 (p_1 - p_2)}{8\, \eta\, l}$$

Legende:

r	Radius	eines zylindrischen Rohres
l	Länge	
η	Viskosität	
$p_1 - p_2 = \Delta p$	Druckdifferenz entlang des Rohres.	

Bleiben Länge, Viskosität und Stromstärke konstant, so zeigen die folgenden Rechenbeispiele, um welche Faktoren die Druckunterschiede bzw. Widerstände (Resistance) bei Verengung der Atemwege zunehmen:

		Bronchien	
Alter		normale Weite	verengt
Erwachsene	Radius	1 mm	0,8 mm
	Resistance	1^{-4} = 0,1 kPa	$0{,}8^{-4}$ = 0,24 kPa
Kinder	Radius	0,6 mm	0,4 mm
	Resistance	$0{,}6^{-4}$ = 0,77kPa	$0{,}4^{-4}$ = 3,91 kPa.

Wie die Rechenbeispiele nach dem HPG zeigen, führt eine Abnahme des Bronchialdurchmessers von 0,2 mm beim Erwachsenen etwa zu einer Verdoppelung, beim Kind dagegen zu einer Verfünffachung des Atemwegswiderstandes.

Durch eine Schleimretention (Mukostase) kann die Verengung der Atemwege derart zunehmen, daß die kleineren Atemwege komplett verschlossen werden. Die Atemnot nimmt zu. Das Kind zeigt Unruhe und Angst. Infolge der vorwiegend exspiratorischen Atemwegsobstruktion wird die Lunge überbläht, das Zwerchfell steht tief und horizontal, und wir beobachten den Thoraxwand-Zwerchfell-Antagonismus oder eine paradoxe Atmung als Folge des ermüdeten Zwerchfells nach langer Atemerschwerung und starken Hustenattacken.

BEHANDLUNGSZIEL

Verbesserung und Erleichterung der bronchialen Reinigung.

BEHANDLUNGSTECHNIKEN

INHALATION ZUR SEKRETVERFLÜSSIGUNG UND BRONCHIALERWEITERUNG

Mehrmals täglich wird mit den vom Arzt verordneten Medikamenten inhaliert: Die Kleinkinder inhalieren mit Dauerverneblung und Mundstück, weil bei Ausschaltung des Nasenraums mehr Aerosol und leichter in den tieferen Atemwegen, d. h. in den Bronchien und Bronchiolen deponiert wird (*Abb. 14 a*).

Abb. 14a: Kind beim Inhalieren mit PARI LC PLUS Vernebler und PARI Master Kompressor.

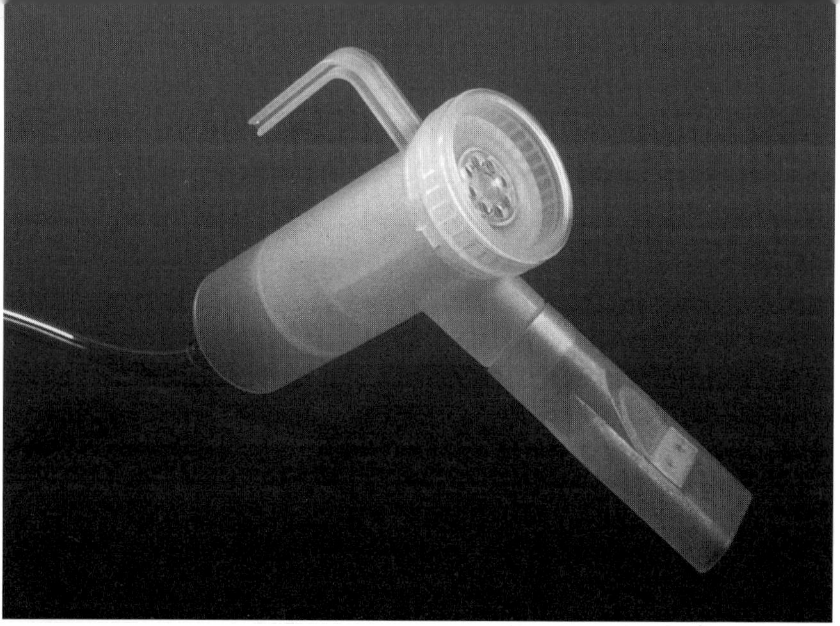

Abb. 14b: PARI LC PLUS Vernebler.

Der Vernebler PARI LC PLUS (*Abb. 14b*) ist mit einem Ventilsystem ausgestattet. Bei kontinuierlicher Verneblung ermöglicht er eine Steuerung des Vernebler-Output durch den Atemzug des Patienten. Daher ist der Aerosolverlust während der Ausatmung minimal.

DRAINAGELAGEN, LAGEWECHSEL UND BEWEGUNG JE NACH LEISTUNGSFÄHIGKEIT

Das Kleinkind läuft zum Beispiel hinter einem Ball her und spielt mit ihm, bis sein Atemminutenvolumen erhöht ist, d. h. bis es tiefer atmet. Dann legt es sich in eine Drainagelage auf den Rücken, auf die Seite oder auf den Bauch und bleibt so lange liegen, bis Atemberuhigung eintritt und Sekret abgehustet wird. Die Bewegungsintervalle werden zwei- bis dreimal wiederholt und in den Bewegungspausen wird jeweils eine andere Drainagelage eingenommen (s. Säuglingsbehandlung).

MANUELLE TECHNIKEN

Vibrationen und Brustkorbkompressionen während der Ausatmung lassen sich von den Behandlern oder den Eltern anwenden.

APPARATIVE ATEMHILFEN FÜR DEN SEKRETTRANSPORT

sind die PEP-Atmung in Form der PEP-Maske und des PARI PEP-Systems II beim Inhalieren sowie das Atmen mit dem VRP_1 DESITIN (Flutter).

PEP-Atmung

Bei der PEP-Atmung (PEP = positiv exspiratory pressure) wird gegen auswechselbare Widerstände mit einem Durchmesser zwischen 1,5–5 mm ausgeatmet. Dadurch wird ein positiver Ausatemdruck erzeugt, der einen Bronchialkollaps verhindert. Das Bronchialsekret kann dann weiter mundwärts transportiert werden.

PEP-ATMUNGSSYSTEME

Wir unterscheiden zwei PEP-Atmungssysteme:

1. die PEP-Maske der Fa. Astra Meditek, Hamburg (*Abb. 15 a–c*),
2. das PARI PEP-System II der Fa. PARI, Starnberg (*Abb. 16*).

a) PEP-Maskenatmung eines Kindes. (Anwendung heute nur noch bei kindlichen Asthmatikern mit viel Schleimbildung.)

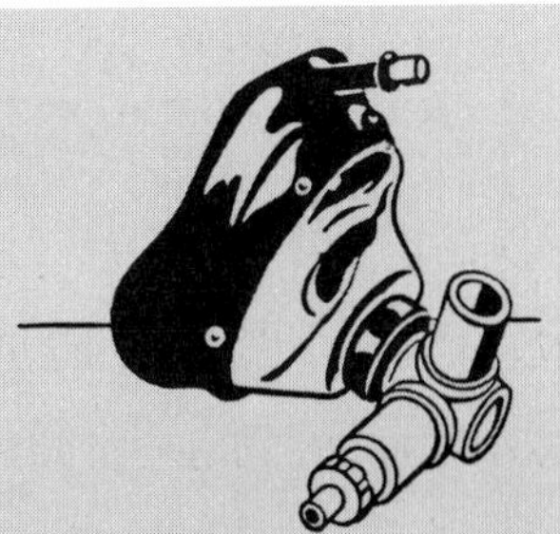

b) PEP-Maske.

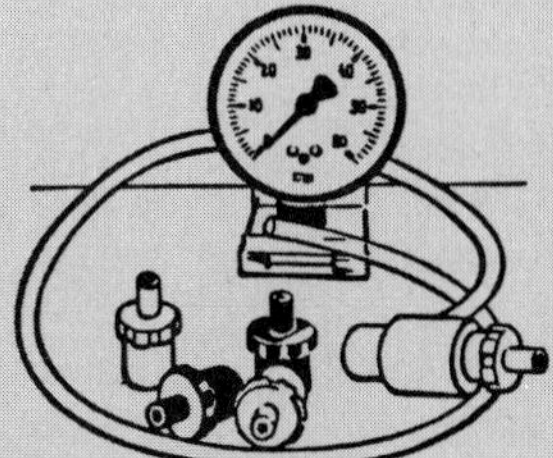

c) Manometer und Widerstände.

Abb. 15a–c: PEP Astra.

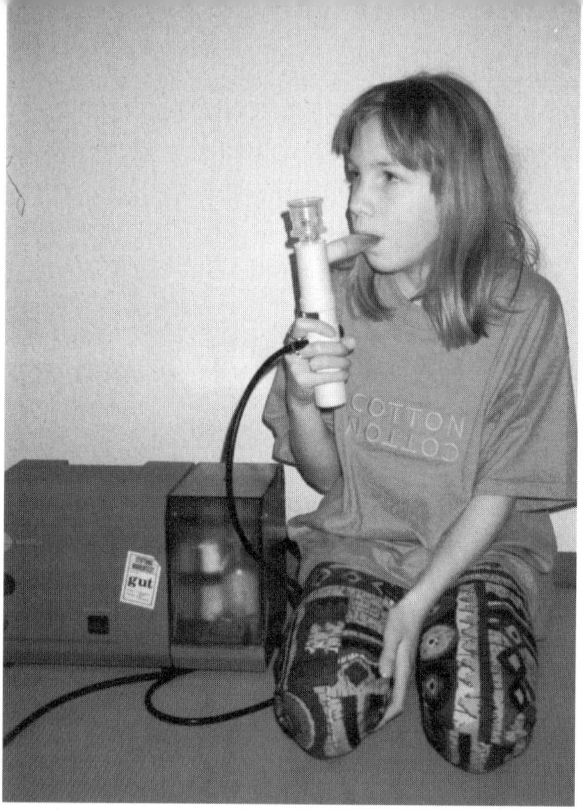

Abb. 16: Atmung mit dem PARI PEP-System I.

Zu beiden Systemen gehört ein Manometer, auf dem abgelesen werden kann, gegen welchen Druck ausgeatmet wird. Der Druck sollte 10–20 cm H_2O hoch sein, aber 30 cm nicht übersteigen, weil sonst die Rechtsherzbelastung zu stark wird.

Die *PEP-Maske* besteht aus einer Plastikmaske, die Mund und Nase umschließt. Diese wird an ein Vorsatzteil angeschlossen, das aus zwei Einwegventilen mit dem Manometer besteht. Durch diese wird ein- und ausgeatmet. Der auf die Ausatemseite gesteckte Widerstand bildet die Ausatemstenose. Gegen diese Stenose muß das Kleinkind aktiv ausatmen, d. h. mit Einsatz der Bauchmuskulatur. Die aktive Ausatmung erzeugt einen erhöhten intrathorakalen Druck mit leichter Verengung der Bronchiallumina, so daß die Luftströmung während der Ausatmung ansteigt und den Sekrettransport verbessert. Der Ausatemwiderstand wird für das Kleinkind niedrig eingestellt und liegt zwischen 1,5–3,5 mm. Ist der Widerstand richtig gewählt, atmet das Kind durch die Maske während ein bis zwei Minuten ohne Anstrengung und nicht schneller.

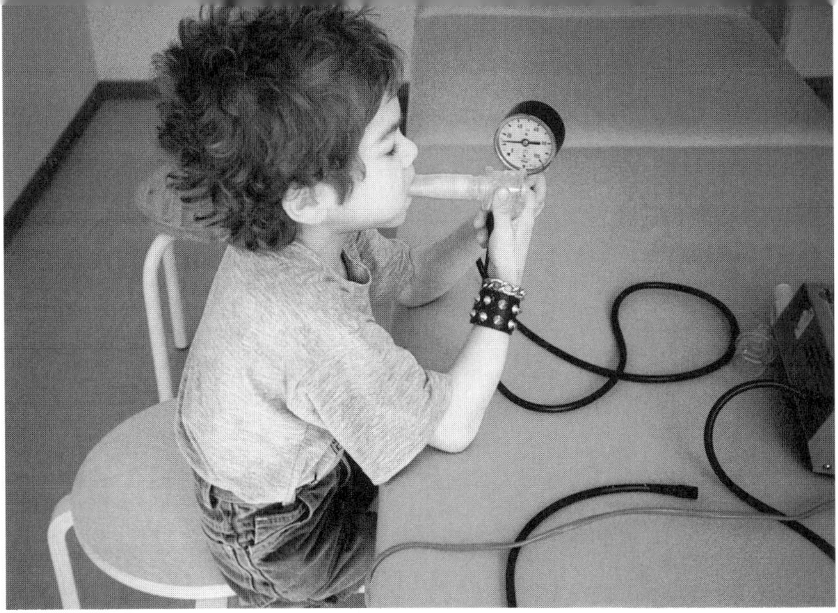

Abb. 17: Schulkind beim Atmen mit dem am PARI PEP-System II angeschlossenen Manometer ohne Inhalation.

Die Atemfrequenz darf nicht zu hoch sein (z. B. über 60/Min.), da sonst die Atemmuskulatur zu schnell ermüdet.
Beim Atmen mit dem PARI PEP-System II wird das PEP-System auf den Rand des Verneblers gesteckt und der Nasenweg mit der Nasenklemme ausgeschaltet. Man muß beim Kleinkind mit dem Mundstück inhalieren können.
Beim Ausatmen durch das PARI PEP-System II ohne Inhalation wird gegen die exspiratorische Stenose ausgeatmet und auf dem angeschlossenen Manometer der Druck kontrolliert. Diese Möglichkeit wird von einigen Kindern genutzt (*Abb. 17*).

Die PEP-Atmung ist nur bei kooperativen Kindern möglich. Die meisten Kleinkinder sind mit der PEP-Atmung überfordert.

ATMEN MIT DEM VRP$_1$ DESITIN (Flutter)/PARI VRP$_2$ Flutter

Seit dem Jahre 1989 steht den Patienten zur Sekretelimination eine effektive apparative Atemhilfe zur Verfügung, die in ihrer Anwendung leicht zu lernen ist und daher für Kleinkinder mit viel Schleim und starkem Hustenreiz geeignet ist. Sie ähnelt einer Pfeife und besteht aus dem Körper mit Mundstück, einem Trichter und einer Ausatemöffnung,

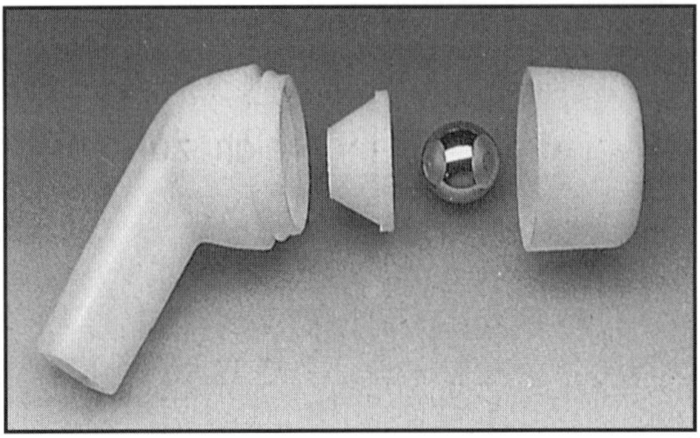

18a △

18b–d ▽

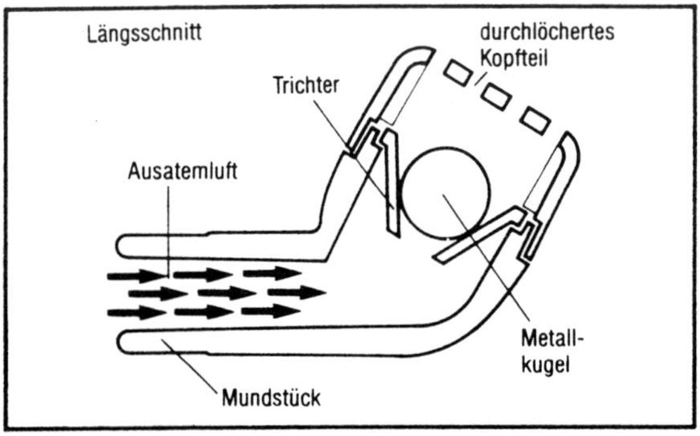

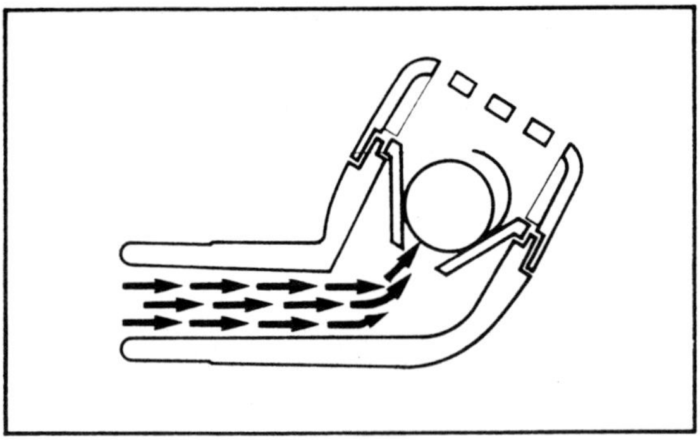

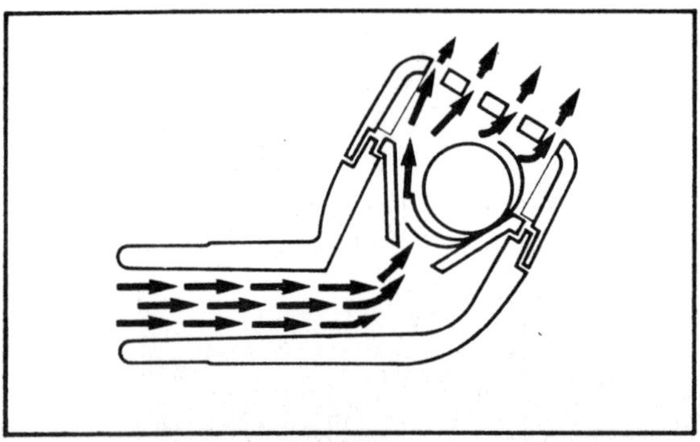

Abb. 18a: VRP$_1$ DESITIN.
Abb. 18b: VRP$_1$ DESITIN von innen.
Abb. 18c: Hochrollen der Kugel, Ausatemöffnung frei.
Abb. 18d: Zurückrollen der Kugel, Ausatemöffnung verschlossen.

Die vier Abbildungen sind dem Prospekt der Fa. DESITIN Arzneimittel GmbH Hamburg entnommen.

Abb. 18e: Haltungen des VRP$_1$ DESITIN.

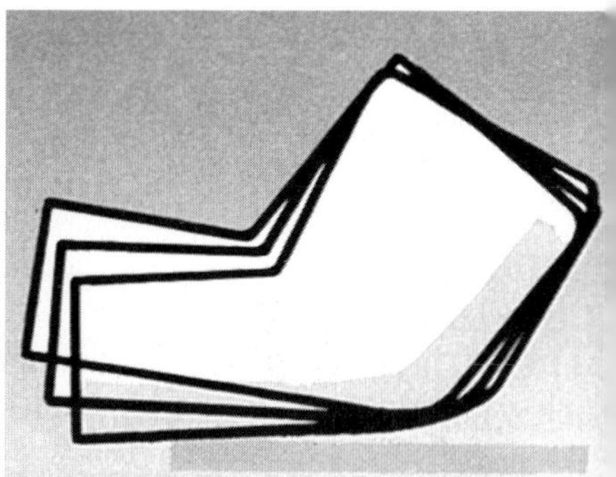

auf der eine Metallkugel liegt, und einem durchlöcherten Deckel (Kopfteil; *Abb. 18 a–e*).

Bei der Ausatmung in dieses Gerät rollt die Metallkugel an der Trichterwand hoch und herunter und gibt die Ausatemöffnung wechselweise frei. Dadurch wird die Kugel in schneller Folge angehoben und abgesenkt. Der Luftstrom in den Bronchien soll in Schwingungen versetzt werden und soll bewirken, daß der Schleim von der Bronchialwand abgelöst und mundwärts transportiert wird. Da außerdem die Kugel dem Ausatemstrom einen Widerstand entgegenbringt, bleiben die Atemwege offen, somit wird eine Bronchialkompression vermieden. Die Schwingungen des Luftstroms (Oszillationen) werden durch unterschiedliche Haltungen des Gerätes variiert:

- eine Haltung nach oben führt zur Steigerung der Oszillationsfrequenz,
- eine Haltung nach unten führt zur Minderung der Oszillationsfrequenz.

Kinder, Behandler und Eltern finden die geeignete Haltung, das ist die, mit der das Sekret am leichtesten abgegeben werden kann (*Abb. 19–21*). Nach einer entspannten, tiefen Einatmung und einer kurzen Pause wird langsam durch den VRP_1 DESITIN ausgeatmet. Nach 15–20 Atemzügen steigt das Sekret in die höheren Atemwege und kann abgeräuspert werden.

Alle gemachten Angaben gelten auch für den PARI VRP_2 Flutter, der als Zusatzgerät einfach auf den Vernebler gesteckt wird.

Abb. 19: PARI VRP_2. Kombination von Inhalationstherapie mit der Flutterbehandlung.

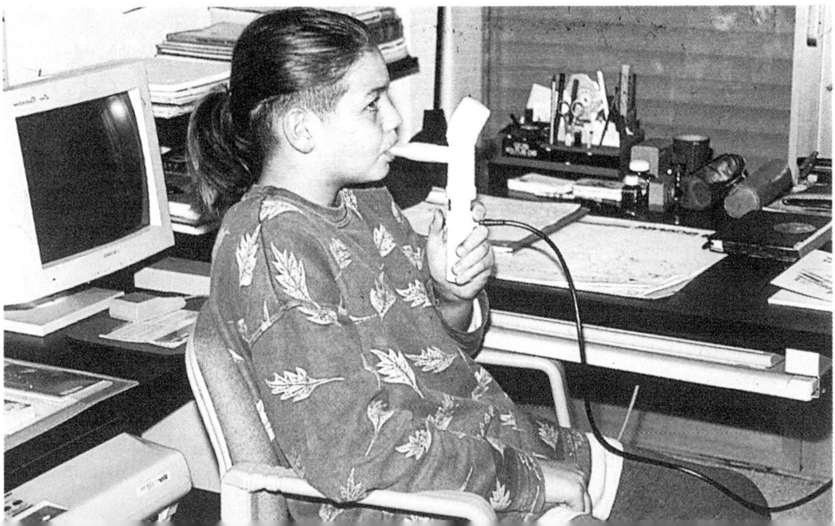

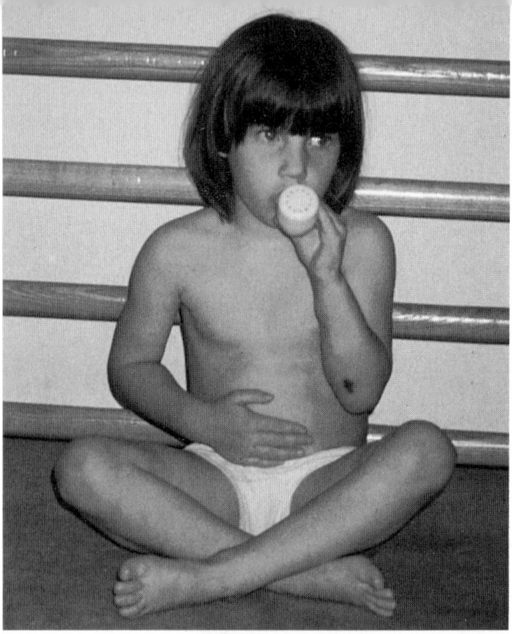

20

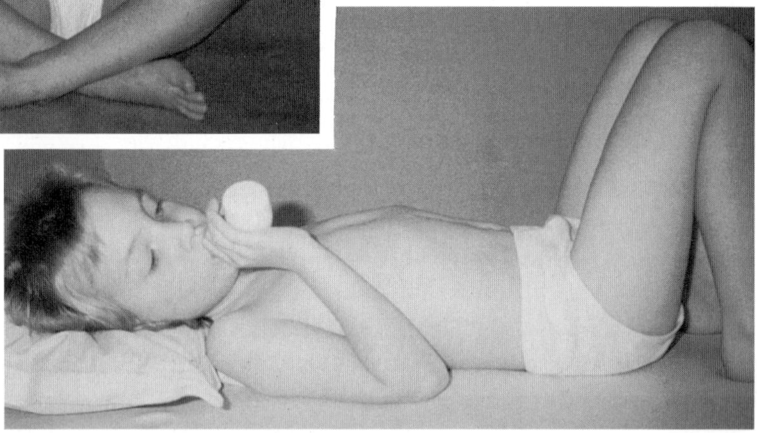

21

Abb. 20: Kind beim Atmen mit dem VRP_1 DESITIN im Sitz, Handkontakt auf dem Bauch zur Wahrnehmung der Zwerchfellatmung.

Abb. 21: Kind beim Atmen mit VRP_1 DESITIN im Liegen.

AKTIVE AUSATEMTECHNIKEN

werden mit Kleinkindern mit obstruktiver Bronchitis, wenn sie gut mitarbeiten, geübt. Dazu zählen Techniken mit verlängerter Ausatmung:

- *Lange Lippenbremse,* d. h. Blasen durch gespitzte, locker aufeinanderliegende Lippen bis zum fühlbaren Einsatz der Bauchmuskulatur. Die dabei entstehende Druckerhöhung im Brustraum bewirkt eine leichte Einengung, jedoch keinen Kollaps der Bronchien mit beschleunigter Luftströmung und dem daraus resultierenden verbesserten Sekrettransport in den Atemwegen in Richtung Mund. Auch wird die Ausatemzeit länger, so daß mehr Luft ausströmen kann. Eine überblähte Lunge entbläht (*Abb. 22 a*). (S. auch Konzept von EPP im Anhang.)

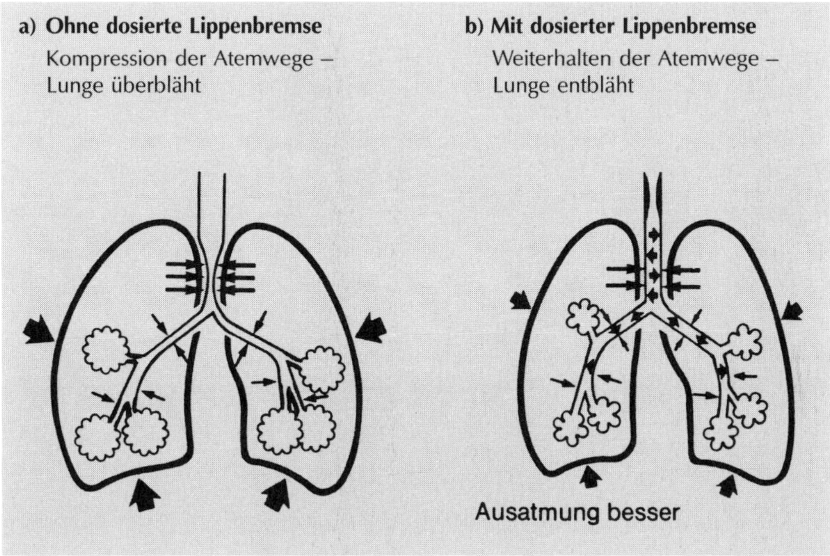

Abb. 22a: Schematische Darstellung der Lippenbremse zur Patienteninformation (Siemon/Ehrenberg, 6).

- Die Lippenbremse wird als *dosierte Lippenbremse,* d. h. im Atemrhythmus der Kinder in Ruhe und bei Belastung, oder als *lange Lippenbremse,* d. h. mit fühlbarem Einsatz der Bauchmuskeln durchgeführt (*Abb. 22b*).
- *Blubbern,* d. h. Blasen durch einen Strohhalm in Seifenschaum: Hierbei liegt die Ausatemstenose vor dem Mund. Dieses macht den

Abb. 22b: Kind im Fersensitz beim Ausführen der langen Lippenbremse.

Abb. 23: Kind beim Blubbern in Seifenschaum.

Kindern viel Spaß. Mit den meisten Kleinkindern üben wir das Blubbern zuerst in Milch oder Kakao, bis sie gelernt haben zu blasen und nicht zu saugen (*Abb. 23*).

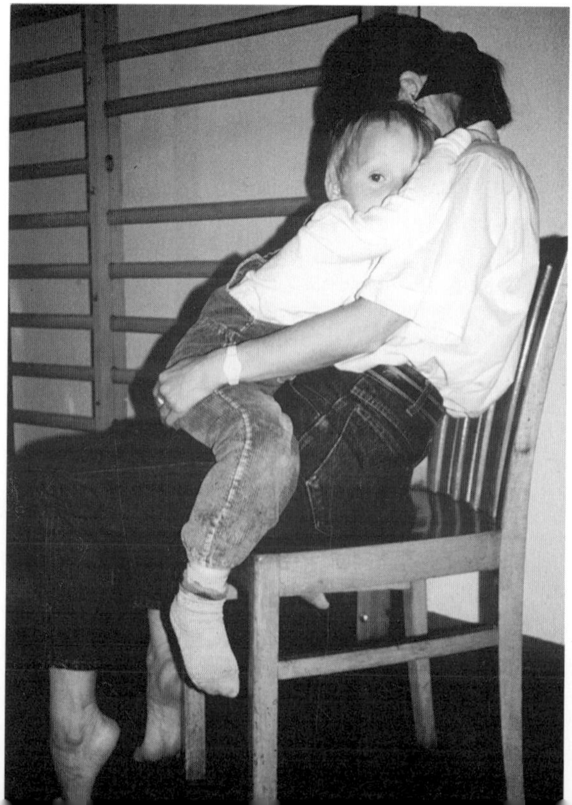

Abb. 24: Sitzhaltung des Kleinkindes auf dem Schoß der Behandlerin.

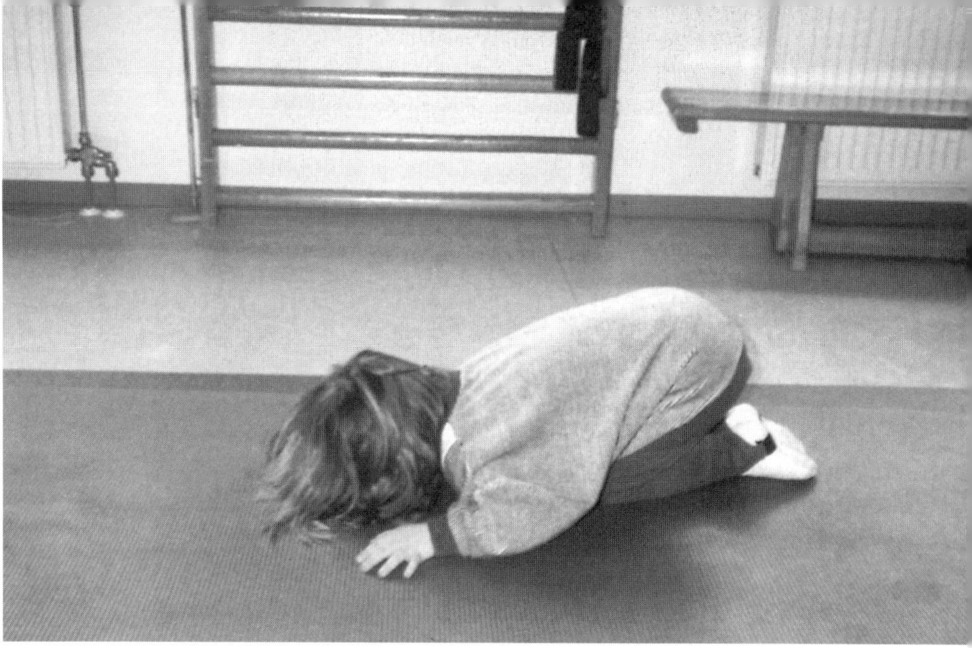

Abb. 25: Hängebauchlage des Kleinkindes mit aufgestützten Ellenbogen.

ATEMERLEICHTERNDE KÖRPERSTELLUNGEN FÜR KLEINKINDER

sind ähnlich wie diejenigen beim Asthma bronchiale (Erklärung der Wirkung S. 56).
Es sind die Sitzhaltungen auf dem Schoß der Behandlerin oder der Mutter (*Abb. 24*) und die Hängebauchlage mit aufgestützten Ellenbogen oder Unterarmen (*Abb. 25*).

HUSTEN DES KLEINKINDES ZUR SEKRETENTFERNUNG

Ist der Schleim bis in die großen Bronchien und die Luftröhre gewandert, was am Trachealrasseln zu hören und/oder mit Hand am Brustkorb zu spüren ist, hustet das Kind von selbst den Schleim in den Mundraum ab oder wird vom Behandler dazu aufgefordert. Beim geschwächten Kind mit fehlender Kraft der Ausatemmuskeln unterstützen wir den Hustenstoß durch manuelle Kompression des Brustkorbes beim Husten von ventral und dorsal. Bei fehlendem Hustenreiz kann dieser durch ein schnelles »Hauchen« (»Huff« im englischen Sprachgebrauch) ausgelöst werden. (Zum Hustenmechanismus siehe Anhang.)

Zur Elternanleitung

Es ist wichtig, die Eltern in der Atemtherapie ihres Säuglings oder Kleinkindes mit obstruktiver Bronchitis anzuleiten. Häufig sind die Eltern durch Beobachtung oder Mitarbeit während des Klinikaufenthaltes ihres Kindes oder während der Behandlung in einer Krankengymnastikpraxis gut motiviert, mit ihrem Kind zu Hause zu arbeiten. Sie beobachten die Atmung und die Veränderung im Verhalten ihres Kindes genau.
Zur Elternanleitung gehört:

- Erklären des Sekrettransportes bei den verschiedenen Techniken;
- Erklären des Hustenvorgangs (siehe Anhang);
- Anleitung in den Behandlungstechniken:
    - Drainagelagen und Lagewechsel;
    - Brustkorbschüttelungen und manuelle Brustkorbkompressionen während der Ausatmung;
    - Atemerleichternde Körperstellungen;
    - Hustentechniken;
    - Anleitung zum Inhalieren und zum Reinigen der Geräte, d. h. Reinigung mit Flaschenbürste und Spülmittel, dreiminütiges Auskochen im Topf mit heißem Wasser, Trocknung auf sauberem Tuch;
    - Anleitung bei der Anwendung der apparativen Atemhilfen (PEP-Atemsystem, VRP_1 DESITIN) und der aktiven Ausatemtechniken (lange Lippenbremse, Strohhalmblasen);
    - Förderung der altersgemäßen Bewegungen des Kindes, vornehmlich der Koordination;
    - Bewegungs- und Spielformen für Kleinkinder.

Atemtherapie nach Bronchographie beim Säugling und Kleinkind im Krankenhaus

Zur Bronchographie wird ein schattendichtes Kontrastmittel in das Bronchialsystem eingebracht, so daß eine röntgenologische Darstellung der Bronchien möglich wird. Die Bronchographie dient zur Feststellung von Bronchialveränderungen. Zur Entfernung des Kontrastmittels nach der Untersuchung wird Atemtherapie verordnet.

BEHANDLUNGSZIEL

Unterstützung der Kontrastmittelentfernung aus den Bronchien.

BEHANDLUNGSTECHNIKEN

Die untersuchte Seite sollte in Seitlage überwiegend oben liegen:

- Schüttelungen in verschiedenen Drainagelagen;
- Leichte manuelle Thoraxkompressionen während der Ausatmung, auch mit Vibrationen;
- Brustkorbschüttelungen;
- Einschalten atemerleichternder Stellungen.

Atemtherapie für Kinder mit Asthma bronchiale

Die Atemtherapie kann zur besseren Krankheitsbewältigung beitragen. Sie besteht in der Akzeptanz des chronischen Leidens und in der Selbsteinschätzung der wechselnden Atemnotsituationen. Kinder lernen die Selbsteinschätzung, ihre Eltern lernen auch auf Distanz, die Atmung nach folgenden Kriterien zu beurteilen:

- Atemgeräusche wie Giemen beim Ein- und Ausatmen = Bronchien und Bronchiolen sind verengt,
- Atemgeräusche wie Brummen beim Ausatmen = Schleim in den Bronchien,
- Atemnebengeräusche wie Trachealrasseln beim Ein- und Ausatmen = Schleim in der Luftröhre,
- Keine Atemgeräusche und Atemnebengeräusche = Atemwege sind frei oder total verlegt,
- Atemerschwerung mit mehr Brust- statt Bauchatembewegungen und Atemgeräuschen = beginnender Asthmaanfall.

Für die Selbsteinschätzung ist eine geschulte Körperwahrnehmung erforderlich. Diese schulen wir – wenn möglich – im anfallsfreien Intervall.

Da die Atemtherapie bei Asthma bronchiale stets flankierend zur Pharmakotherapie angewandt wird, ist es günstig, wenn die Krankengymnasten/Physiotherapeuten die medikamentöse Therapie kennen. Dann können sie auf Fragen der Kinder und Eltern korrekt antworten (s. S. 19, »Therapie«).

Zwei Obstruktionsformen sind für die Atemtherapie des Asthma bronchiale beim Kind genauso wie beim Erwachsenen zu unterscheiden:

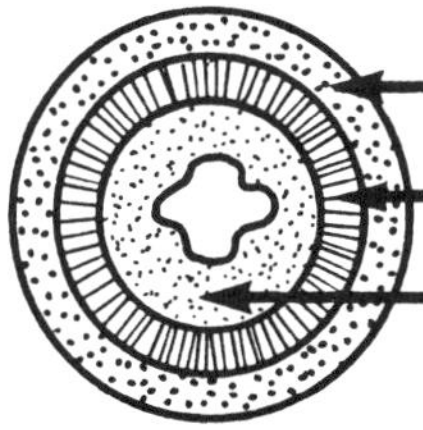

Abb. 26: Trias der Obstruktion bei Asthma bronchiale.

1. Die endobronchiale Obstruktion, d. h. Einengung der Bronchien und Bronchiolen durch Bronchospasmus, entzündliches Schleimhautödem, Hyper- und Dyskrinie bei Asthmatikern mit Schleim (*Abb. 26*).

2. Die exobronchiale Obstruktion, d. h. zusätzliche Einengung der schon endobronchial verengten Bronchien durch erhöhten intrathorakalen Druck, wie er bei forcierter Ausatmung, zum Beispiel bei Angst in Atemnot, beim Husten, Schreien, langen Sprechphasen, bei körperlicher Belastung mit Laufen und Springen auftritt.

Die Kinder haben je nach Schweregrad des Asthma bronchiale leichte, mittelschwere und schwere Anfälle. Die Akutphasen (Anfallssituationen) können mit symptomarmen oder sogar symptomfreien Intervallen wechseln. Die Atemtechniken werden von uns altersentsprechend angeboten.
Für 4–6jährige müssen die Techniken mit Spielformen kombiniert und die Eltern zum Mitüben motiviert werden.
Für 6–14jährige verbinden wir die Verfahren mit Erklärungen über die Wirkungen und motivieren die Kinder dadurch zur Anwendung der Techniken. Die Jugendlichen leiten wir wie Erwachsene an (Simon/Ehrenberg, 6).

AKUTPHASE

Die Kinder bewegen sich trotz Atemnot in der Anfallssituation. Ihre Angst und Unruhe zeigt sich im häufigen Wechsel atemerleichternder Körperstellungen, die sie sich wie die Erwachsenen selber suchen. Sie haben einen ängstlichen Gesichtsausdruck und sind meist sehr blaß. Die Kinder atmen für ihre Erkrankung typisch; die Ausatmung ist verlängert, die Mundatmung überwiegt. Nebengeräusche hören wir auf Distanz beim Atmen wie ex- oder inspiratorisches Giemen bzw. Pfeifen und bei viel Sekret, das bis zur Luftröhre transportiert wurde, auch Trachealrasseln. Der Husten kann trocken und bei viel Schleim produktiv sein. Oft findet sich dann Reizhusten. Die Atemfrequenz der Kinder ist unterschiedlich, d. h. schnell beim aktiven, aber auch beim ängstlichen Kind. Das erschöpfte Kind atmet dagegen langsam. Die Atembewegungen sind in der Atemnot mehr thorakal, nach kranial, ventral, auch nach dorsal gerichtet. Kinder, deren Asthma bronchiale lange besteht, zeigen eine Brustkorbdeformierung mit starker – oft fixierter – Brustkyphose mit nach vorne und hochgezogenen (protrahierten) Schultern. Hypertrophe Abschnitte in der Rumpfmuskulatur finden wir bei den Kindern weniger als bei den Erwachsenen. Bei manchen Kindern beobachten wir eine auffallende Hyperaktivität.

BEHANDLUNGSZIELE

- Angstminderung in der asthmatischen Atemnot.
- Vermeidung von exobronchial verursachter Kompression auf endobronchial verengte Atemwege.
- Verbesserung der Elimination des zähen Sekretes für Asthmakinder mit viel Sekret.
- Dämpfung eines unproduktiven, den Asthmaanfall auslösenden oder verstärkenden Hustens.

BEHANDLUNGSTECHNIKEN

ATEMERLEICHTERNDE KÖRPERSTELLUNGEN

Die Angst in der asthmatischen Atemnot verringern die Kinder in sog. *atemerleichternden Körperstellungen,* die sie sich in ihrer Atemnot suchen.
Sie wirken folgendermaßen:
Durch Ablegen oder Abstützen der Arme wird das Gewicht des Schulter-

gürtels von den oberen Rippen genommen und die – im Anfall überblähte – Lunge wird noch etwas stärker gebläht, sie gerät in noch stärkere Einatemstellung, in die zum Inspirium angehobene Atemmittellage. Die im Asthmazustand endobronchial verengten Bronchien und Bronchiolen werden in dieser Einatemstellung etwas erweitert. Die Kinder empfinden Atemerleichterung, können die Atemnot besser aushalten und auch einen verzögerten Medikamenteneffekt ruhiger abwarten.

Eltern, Lehrer und auch Behandler sollen daher die Kinder in den selbstgewählten Stellungen lassen, sie nicht korrigieren oder ihnen eine Position aufzwingen.

Die Behandler können lediglich noch andere Stellungen anbieten und feststellen, ob sich die Kinder auch in diesen Positionen wohler fühlen.

Bei nächtlicher Atemnot sitzen die Kinder im angelehnten Sitz mit abgelegten Armen im Bett (*Abb. 27*) oder stützen die Arme hinter dem

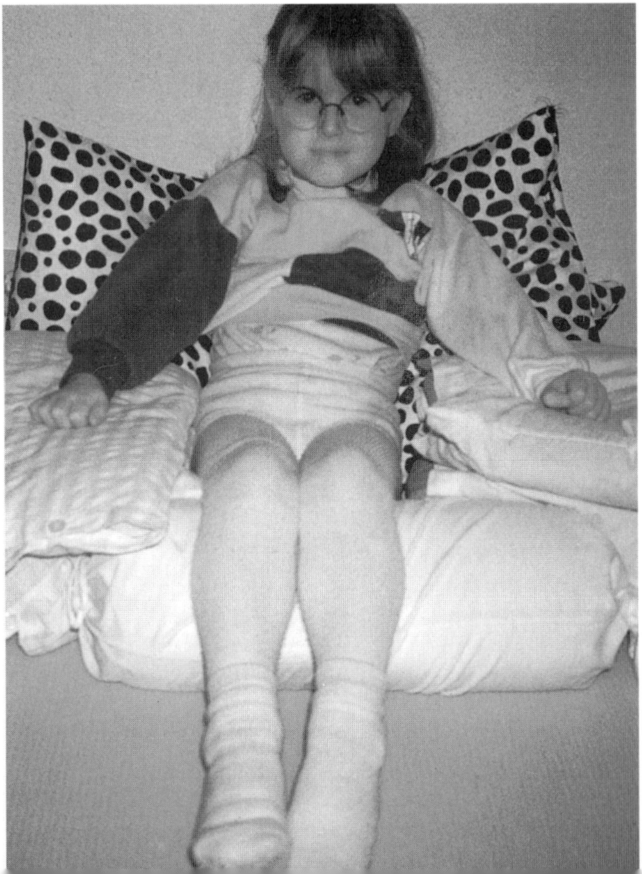

Abb. 27: Sitz mit seitlich abgelegten Armen.

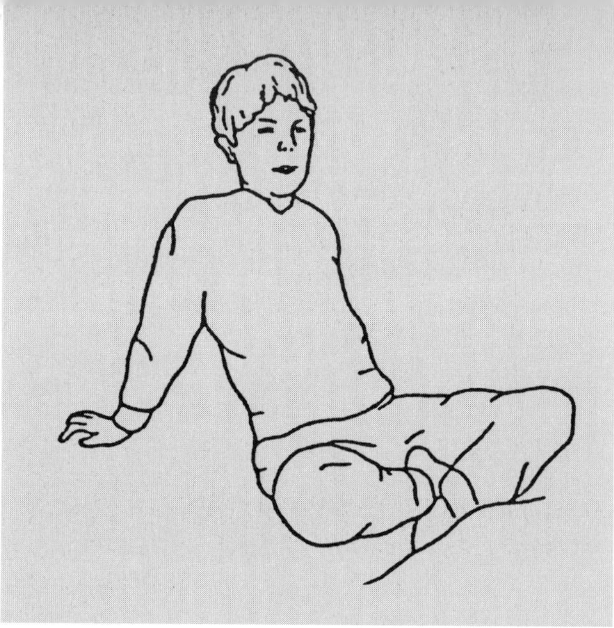

Abb. 28: Sitz mit hinter dem Rücken aufgestützten Armen.

Rücken auf (*Abb. 28*), andere legen sich auf die Seite mit erhöhtem Oberkörper (*Abb. 29*) oder nehmen die Hängebauchlage mit aufgestützten Unterarmen (*Abb. 30*) oder aufgestützten Ellenbogen ein. Einige Kinder legen sich auf den Bauch.

Bei Atemerschwerung im Tageslauf, z. B. in der Schule, stützen sie die Ellenbogen auf die Schulbank (*Abb. 31*). Beim Spiel setzen sie sich auf einen Hocker und stützen die Ellenbogen auf die Oberschenkel (*Abb. 32*).

Abb. 29: Seitlage mit erhöhtem Oberkörper.

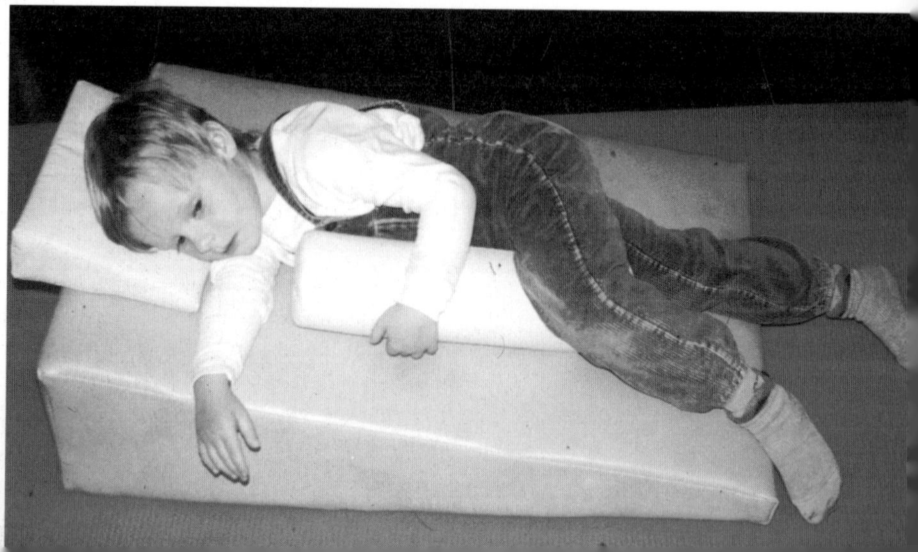

Abb. 30: Hängebauchlage mit aufgestützten Unterarmen.

Abb. 31: Sitz an der Schulbank mit auf der Tischplatte aufgestützten Ellenbogen.

Abb. 32: Sitz mit auf den Oberschenkeln abgestützten Ellenbogen.

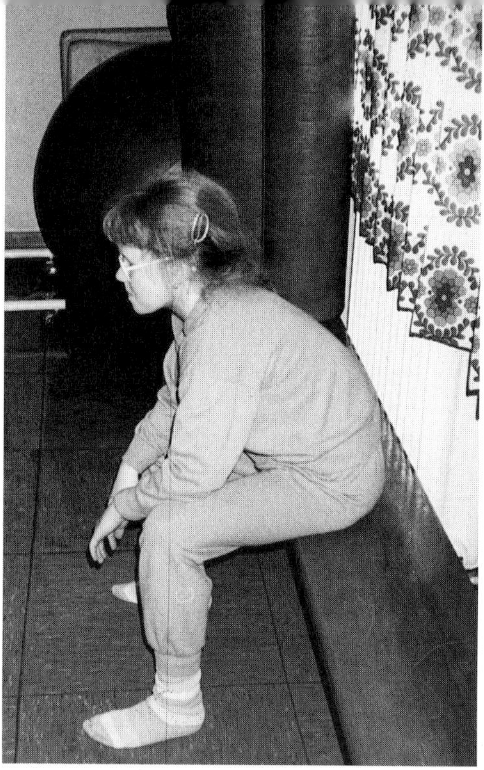

33 △

34a ▽

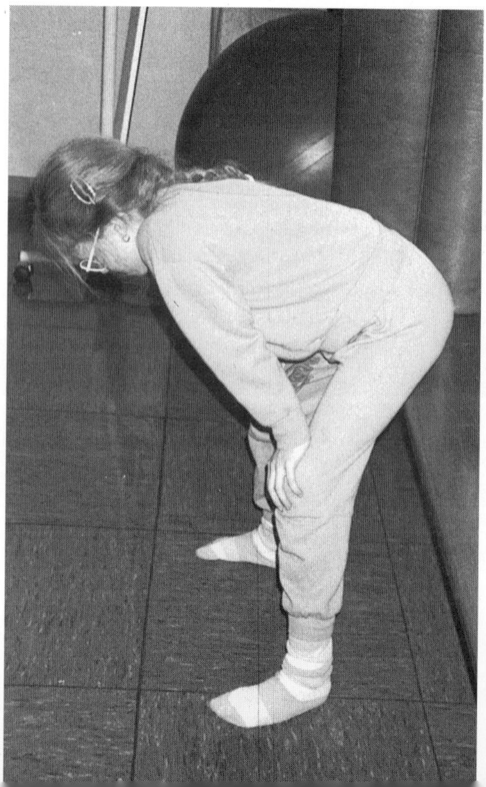

Abb. 33: Kutschersitz.
Abb. 34a–b: Torwartstellung.

34b ▽

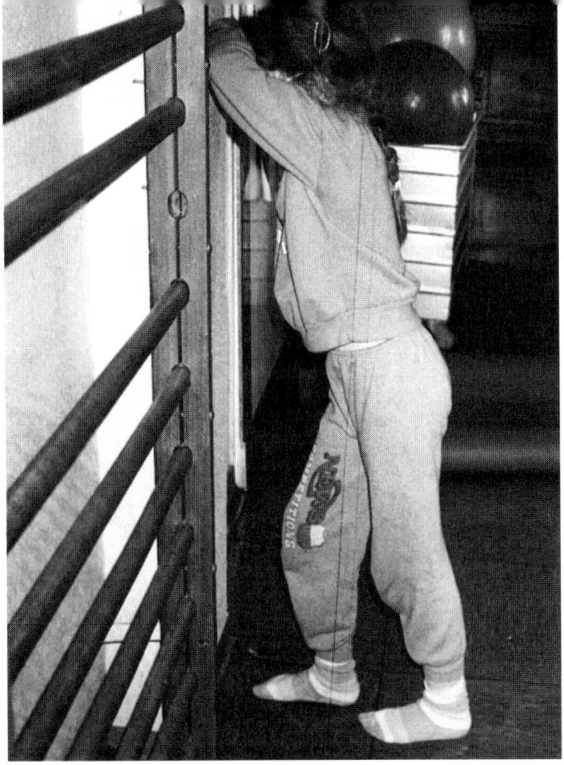

Abb. 35: Stand an der Wand.

In der Sportstunde setzen sich die Kinder gerne in den Kutschersitz (*Abb. 33*), nehmen im Stehen die Torwartstellung ein (*Abb. 34a, 34b*) oder stellen sich vor die Sprossenwand und legen die Arme über Schulterhöhe ab (*Abb. 35*).

TECHNIKEN ZUR MINDERUNG EXOBRONCHIAL VERURSACHTER KOMPRESSION AUF ENDOBRONCHIAL VERENGTE BRONCHIEN

Eine exobronchial verursachte Kompression auf endobronchial verengte Bronchien entsteht durch forcierte, d. h. zu kräftige und schnelle Ausatmung. Sie tritt in der asthmatischen Atemnot bei Angst und Unruhe auf. Dabei steigt der intrathorakale Druck so hoch an, daß die verengten Bronchien und Bronchiolen zusätzlich komprimiert werden. So kombinieren sich endobronchiale und exobronchiale Obstruktion.
Nun hat die Erfahrung gezeigt, daß die dosierte Lippenbremse in Atemnot zur Beruhigung beiträgt und so das forcierte Ausatmen vermieden wird. Das ist vor allem dann erforderlich, wenn der Hub aus dem

36

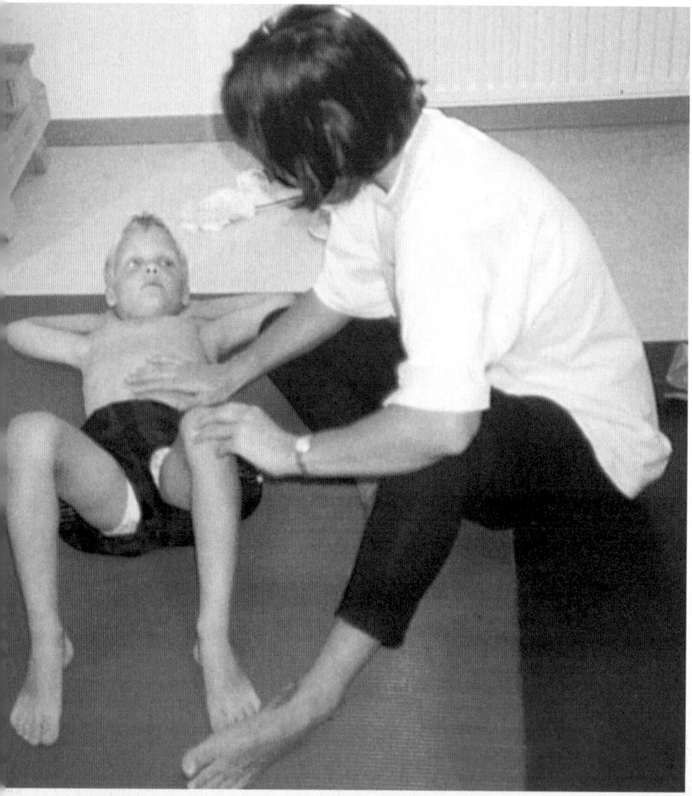

Abb. 36: Wahrnehmung der Bauchatembewegung mittels Behandlerhand.

Abb. 37: Wahrnehmung der Bauchatembewegung mittels eines Gegenstandes.

37

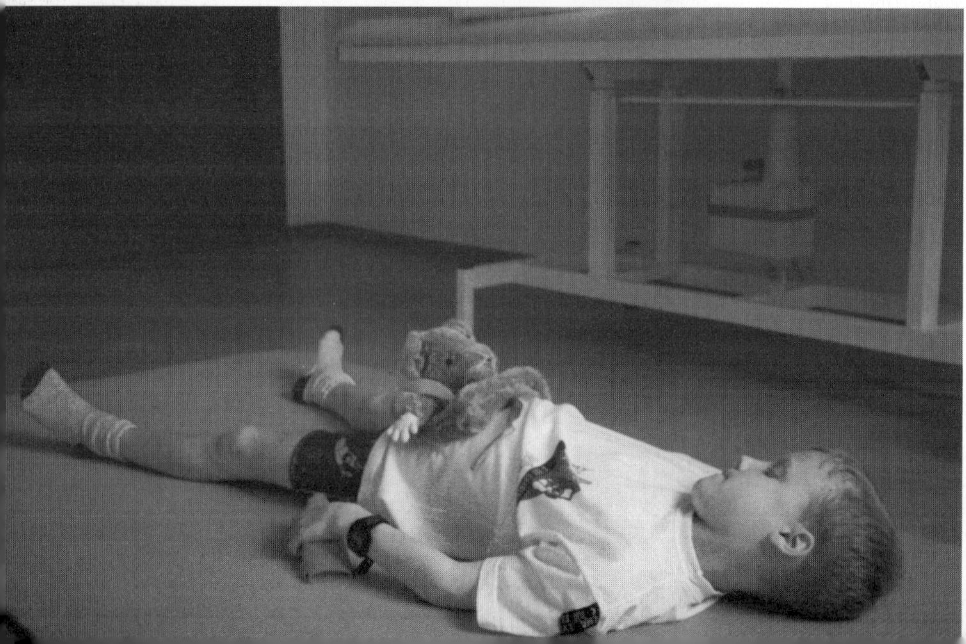

Dosieraerosol nicht schnell genug wirkt. Die dosierte Lippenbremse ist ein Ausatmen im Atemrhythmus durch locker aufeinander liegende Lippen, d. h. nicht zu laut und nicht zu lange.

Zum Erlernen der dosierten Lippenbremse für die asthmatische Atemnot ist es vorteilhaft, mit den Kindern das Wahrnehmen der normalerweise unbewußten Bewegung des Bauches zu üben. Das ist schon mit Kindern im Alter von drei Jahren möglich und geschieht möglichst im anfallsfreien Intervall. Das Kind liegt auf dem Rücken und spürt durch Kontakt eines Gegenstandes, wie der Bauch sich beim Atmen bewegt (*Abb. 36, Abb. 37*).

Dann wird das Wahrnehmen der Bauchatembewegungen auch im Sitzen zusammen mit der dosierten Lippenbremse geübt (*Abb. 38, Abb. 39*).

Auch in anderen Übungssituationen führen die Kinder die dosierte Lippenbremse aus (*Abb. 40*).

Abb. 38: Zwerchfellatmung mit bemaltem Bauch. Bei der Einatmung wird der »Mund« groß.

Abb. 39: Bei der Ausatmung wird der »Mund« schmal.

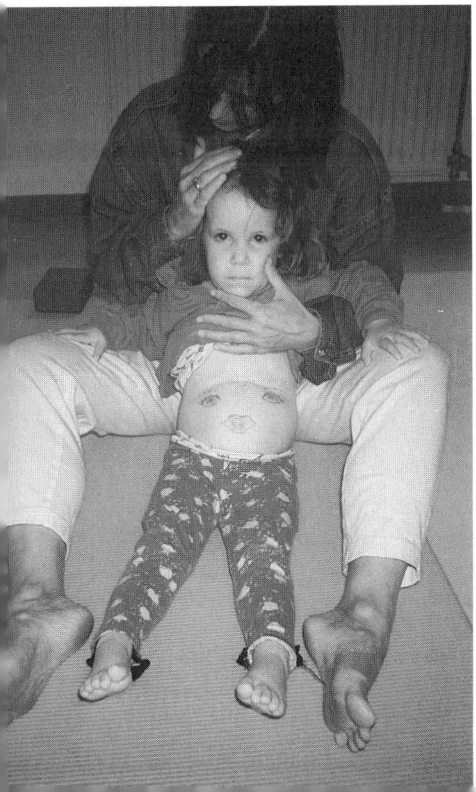

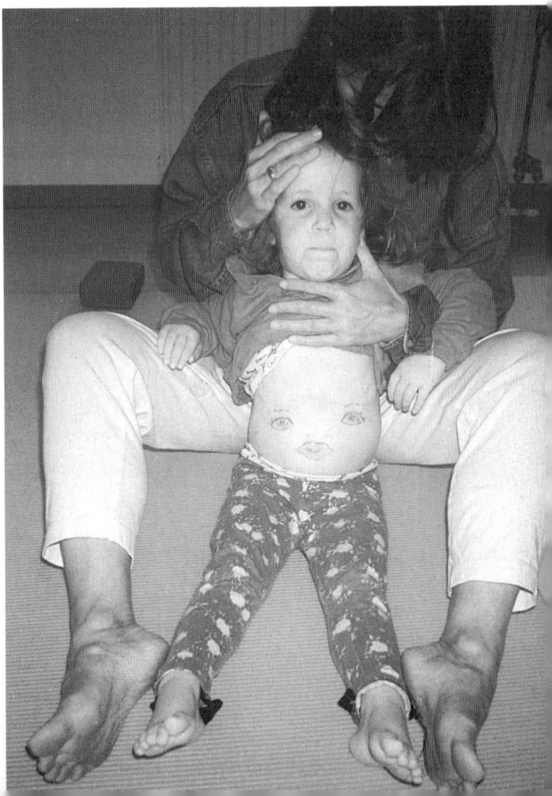

Abb. 40: Üben der dosierten Lippenbremse vor dem Spiegel.

VERBESSERUNG DER ELIMINATION DES ZÄHEN SCHLEIMS FÜR ASTHMATIKER MIT VIEL SCHLEIM

Die Verbesserung der Elimination des zähen Schleims für Asthmakinder mit viel Sekret wird durch folgende Verfahren erreicht:

- *Inhalation mit Medikamenten* zur Bronchienerweiterung und Sekretverflüssigung nach Verordnung des Arztes.

Der PARI Boy ist das am häufigsten verordnete *Inhaliergerät.* Der PARI Master hat einen stärkeren Kompressor, so daß die Inhalationszeit erheblich verkürzt und die Deposition der Medikamente optimiert wird. Der PARI Universal macht von der Steckdose unabhängig, er hat einen Akku und arbeitet wie der PARI Boy.

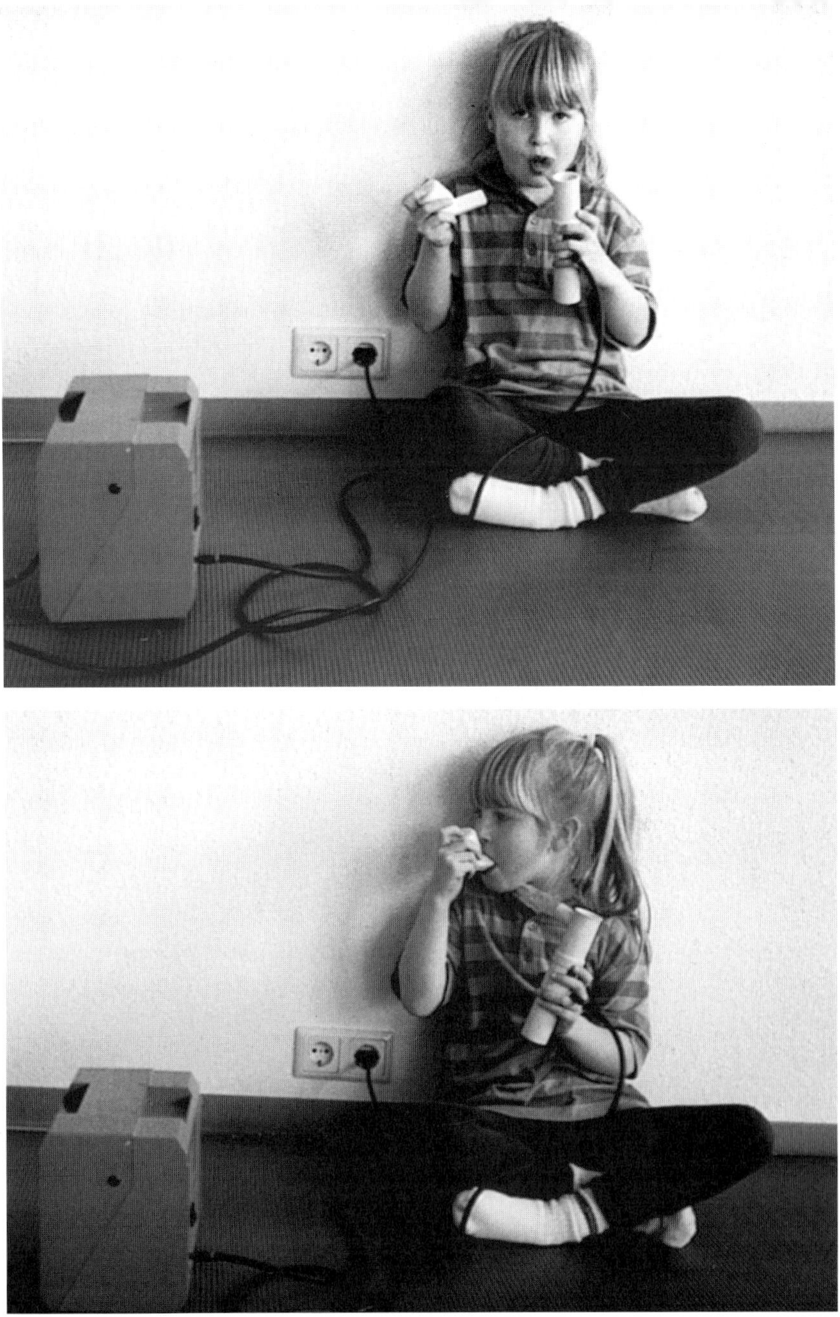

Abb. 41a–b: Kind beim Inhalieren: Einatmung durch das Mundstück, Ausatmung durch den VRP_1 DESITIN.

Wie bereits erwähnt, benutzen wir beim Kleinkind sowie beim Schulkind zum Inhalieren das Mundstück. Dieses wird von den Lippen ganz umschlossen und zwischen die Zähne genommen. Der Patient atmet langsam, entspannt und tief durch den Mund ein, während er mit der Unterbrechertaste den Inhalationsnebel auslöst. Dann hält er den Atem kurz an. Dabei läßt er die Taste los und atmet dann durch die Nase aus, oder er nimmt das Gerät aus dem Mund und atmet mit Lippenbremse aus.

Häufig verbinden wir das Inhalieren mit dem Ausatmen durch den VRP_1 DESITIN und zwar besonders dann, wenn starke Verschleimung besteht (*Abb. 41a, 41b*). Das Ausatmen mit dem VRP_1 DESITIN entspricht der Anwendung der exspiratorischen Stenose. Diese verhindert eine Kompression bzw. einen Kollaps der Atemwege wie die Lippenbremse (s. *Abb. 22a,* S. 49).

Neuerdings wurde der Kopfteil des Flutters an PARI-Verneblersysteme adaptiert, so daß während der Medikamenteninhalation mit einem Kompressorgerät der Exspirationsluftstrom gleichzeitig in Schwingung versetzt wird (*Abb. 41c*).

Eine Ausatemstenose wird beim Inhalieren mit dem PARI PEP-System II genutzt. Der Ausatemdruck kann auf dem angeschlossenen Manometer

Abb. 41c: PARI-Verneblersystem mit Kopfteil des Flutters (PARI VRP_2).

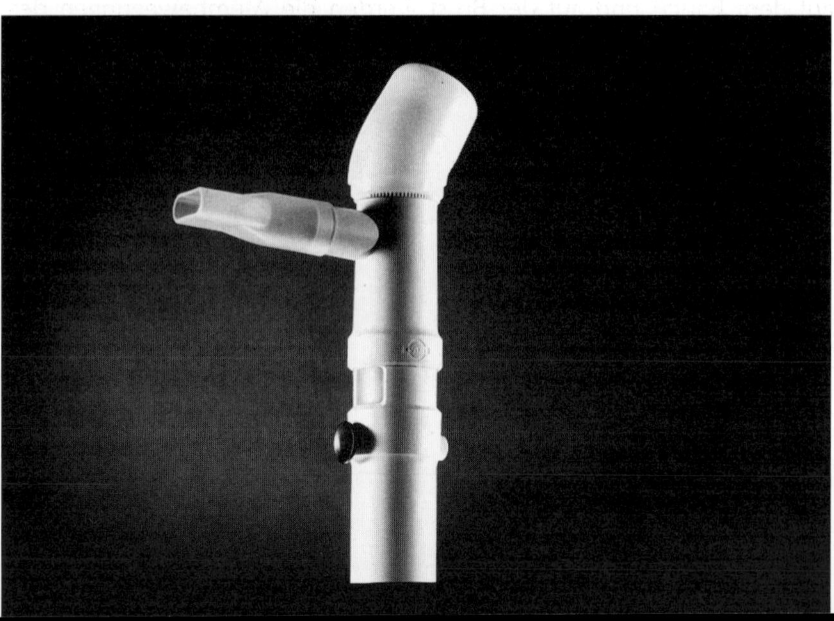

kontrolliert werden (s. *Abb. 17,* S. 45). Asthmatiker, die an das PEP-System gewöhnt sind, können es verwenden.
Die Inhalation dient auch der Verbesserung des Sekrettransportes, weil sie mit tiefem Ein- und Ausatmen verbunden ist.

- *Zur weiteren Verbesserung des Sekrettransportes* hat sich beim kindlichen Asthma bronchiale das neue Konzept der *»Autogenen Drainage«* bewährt. Diese wird in Deutschland vornehmlich zur Sekretelimination bei Patienten mit Mukoviszidose angewandt.

Die Autogene Drainage wurde von einer belgischen Arbeitsgruppe erstmals 1978 während der 8. Jahrestagung der Europäischen Arbeitsgruppe der zystischen Fibrose in Bad Gastein einer breiten Öffentlichkeit vorgestellt.
Die neue Form der Autogenen Drainage – als Selbsthilfetechnik bezeichnet – wurde mit führenden Krankengymnastinnen Deutschlands entwikkelt (Lindemann, 5).
Zunächst wird mit Bauchatembewegungen mehrmals ein- und ausgeatmet. Dann wird tiefer eingeatmet und am Ende der Einatmung eine Atempause gehalten. So hat die Luft Zeit, sich in den gesamten Atemwegen zu verteilen und hinter den Schleim zu strömen. Die folgende Ausatmung ist passiv-aktiv, d. h. zuerst wird mit der Retraktionskraft der elastischen Lunge ausgeatmet. Diese passive Ausatmung ist rasch und verursacht eine schnelle Luftströmung. Daran schließt sich die aktive Ausatmung mit etwas langsamerer Luftströmung an. Mit Handkontrollen auf dem Bauch und auf der Brust werden die Atembewegungen des Bauches einerseits und der Sekrettransport in den großen Bronchien und der Luftröhre andererseits vom Kind wahrgenommen.
Ist das Sekret bis in die Luftröhre unterhalb des Kehlkopfes gewandert, sind Rasselgeräusche vom Patienten zu empfinden und zu hören. Dann kann die Einengung der großen Atemwege durch den Schleim das Atmen des Kindes in der asthmatischen Atemnot zusätzlich erschweren. Trotzdem muß das Kind den Schleimtransport bis unterhalb der Kehle abwarten und einen vorzeitigen Hustenreiz unterdrücken. Das ist schwer und verlangt vom Kind viel Konzentration und Disziplin. Der Schleim soll nämlich möglichst mit ein bis zwei Hustenstößen abgehustet werden.
Wenn bei Kindern mit schwerem Asthma bronchiale mit häufigen Anfällen schon instabile Wände der Atemwege entstanden sind, werden die

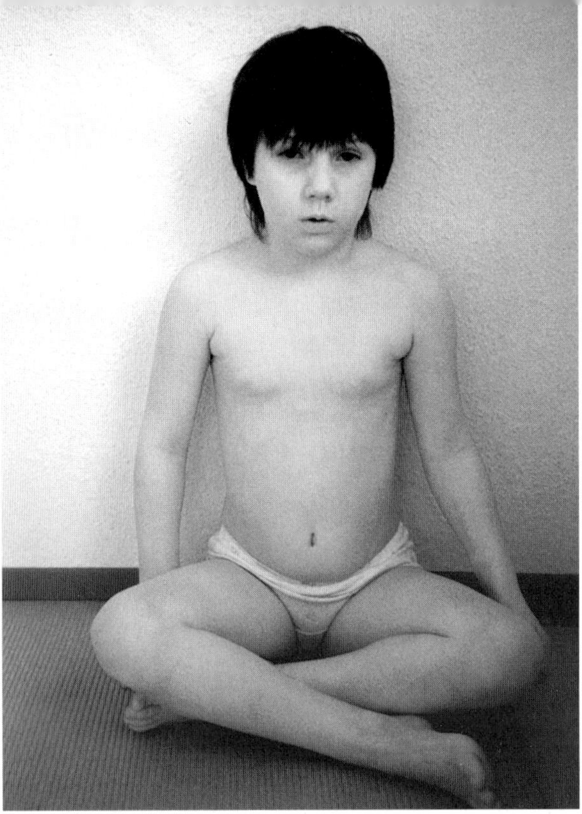

Abb. 42: Kind beim Üben der Lippenbremse. Bei langer Lippenbremse muß die Bauchmuskelspannung zu sehen sein (auf dem Foto noch nicht sichtbar).

großen Bronchien und eventuell auch die Luftröhre bei jeder forcierten Ausatmung, beim Husten, beim Lachen, bei körperlicher Anstrengung und beim lauten Rufen komprimiert. Dann sollte bei der Autogenen Drainage mit langer Lippenbremse ausgeatmet werden, somit die exspiratorische Stenose angewandt werden (*Abb. 42*).

- *Abhusten des Sekretes* (Hustenmechanismus s. Anhang):

Da längere Hustenattacken einen Asthmaanfall auslösen können, müssen die Kinder lernen, in der asthmatischen Atemnot das Sekret mit ein bis zwei Hustenstößen abzugeben. Das ist im Alter ab drei bis vier Jahren möglich. Sie lernen, dann zu husten, wenn sie den Schleim als Rasseln in der Luftröhre hören und/oder vorne auf der Brust mit Handkontakt wahrnehmen.

Sie können auch abhusten mit einem »Huff«, d. h. einem Hauchen. Dabei können sie mit den kontrollierenden Händen den Brustkorb vorne komprimieren (*Abb. 43*). Bei sehr geschwächten Kindern mit fehlender Kraft zum Husten unterstützen wir das Husten durch Druck mit beiden

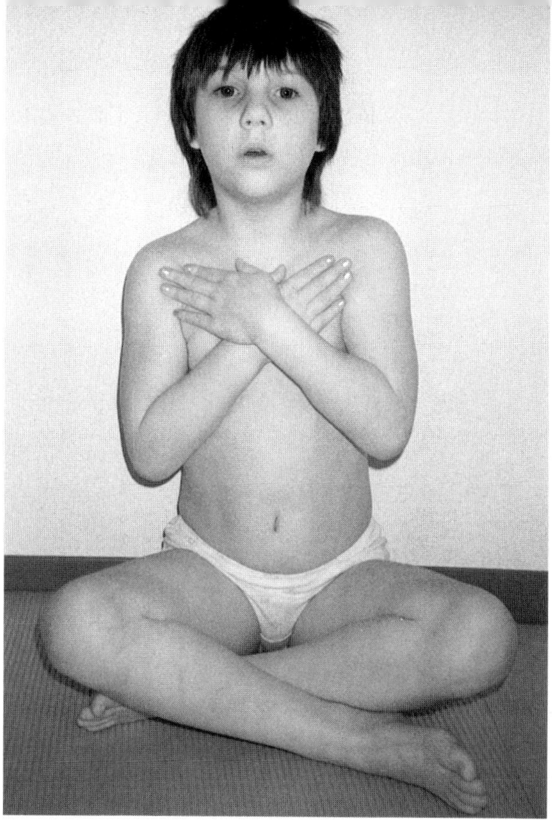

Abb. 43: Kind mit Handdruck auf der Brust zur Hustenunterstützung.

Händen auf dem Brustbein des Kindes. Dabei muß die Druckrichtung beim sitzenden Kind nach unten weisen.
Bei diesen Hustenhilfen muß darauf geachtet werden, daß kein »Giemen« entsteht, da jede zu schnelle Luftströmung in engen Bronchien und Bronchiolen asthmatische Atemnot auslösen oder verstärken kann.

TECHNIKEN ZUR DÄMPFUNG EINES UNPRODUKTIVEN HUSTENS

Zur Dämpfung eines unproduktiven, einen Asthmaanfall auslösenden Hustens sind zwei Verhaltensweisen bzw. Techniken nützlich:

- das Husten gegen eine Ausatemstenose, um eine Kompression oder einen Kollaps der Atemwege im Sinne der exobronchialen Obstruktion zu vermeiden. Das geschieht als Husten gegen die locker aufeinanderliegenden Lippen oder gegen die vor den Mund gehaltene Hand (*Abb. 44*).

Abb. 44: Kind beim Husten mit der Hand vor dem Mund.

- durch ein Luftanhalten so lange es geht, da die Luftströmung die Hustenrezeptoren in den großen Atemwegen reizt. Diese Rezeptoren sind kleine Empfangszellen in den Wänden der Atemwege, die den Hustenreflex zum Hustenzentrum im Gehirn melden. Der Husten ist ein Reflex, und infolge Reizung der Hustenrezeptoren kann eine schnelle Luftströmung zu mehreren Hustenstößen reizen. Darum wird auch beim Laufen, lauten Rufen und Schreien gehustet, weil dann die Luft schnell und unter Umständen auch lange durch die Bronchien strömt.

ANFALLSFREIES INTERVALL

BEHANDLUNGSZIELE

- Erhaltung, eventuell Verbesserung der Brustkorbbeweglichkeit und Wirbelsäulenstreckung.
- Vorbereitung auf Sport und Spiel.
- Spielen und Üben mit und ohne Gerät.

BEHANDLUNGSTECHNIKEN

TECHNIKEN ZUR ERHALTUNG UND VERBESSERUNG DER BRUSTKORBBEWEGLICHKEIT

Zur Erhaltung und Verbesserung der Brustkorbbeweglichkeit sind alle Atem- und Bewegungstechniken geeignet, die tiefe bzw. große Atemzüge hervorrufen, also alle Laufspiele.
Als vorbereitende Technik läßt sich gut das »schnuppernde Einatmen« üben, wobei die Luft nach der Einatmung etwas angehalten wird. Viel Spaß macht es den Kindern, wenn sie in Bauchlage angeleitet werden zu »schnuppern«, so daß sie spüren, wie sich der Bauch beim Einatmen gegen den Boden bewegt bzw. auf die Matte drückt.
Alle den Brustkorb drehenden, beugenden und aufrichtenden Bewegungen lassen sich üben, wobei die Rutschhalte eine wichtige Übung zur Brustwirbelsäulenstreckung und Dehnung des M. pectoralis ist.
Für einen schon fixierten und versteiften Brustkorb bieten sich Techniken aus der Manuellen Therapie an (*Abb. 45a, 45b*).

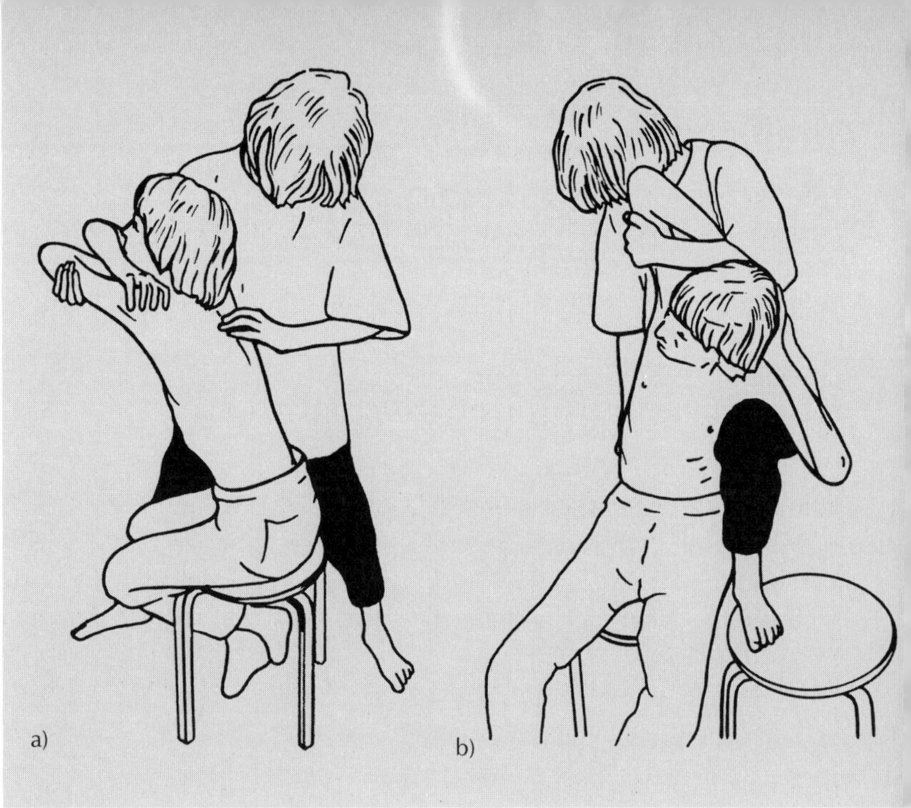

Abb. 45a–b: Manuelle Techniken zur Erhaltung der Brustkorbbeweglichkeit und Wirbelsäulenstreckung.

VERFAHREN ZUR VORBEREITUNG AUF SPORT UND SPIEL

Bei der Vorbereitung auf Sport und Spiel ist die Erziehung zum »antiobstruktiven Verhalten« notwendig. Die Patienten sollen lernen, die sog. unspezifischen Reize zu vermeiden. Das sind Reize nicht allergener Art, besonders Schadstoffe wie Tabakrauch. Es ist das Atmen mit offenem Mund, das besonders bei kalter Luft eine Obstruktion auslösen und auch einen unproduktiven Husten hervorrufen kann. Wichtig ist daher, die Patienten zur Nasenatmung in Ruhe und beim Spiel und Laufen anzuhalten.

Besonders in der Sportstunde ist die Nasenatmung erforderlich. Wenn die Kinder erfahren haben, daß sie – besonders an kalten Tagen – dadurch die Atemnot vermeiden können, sind sie motiviert, die Nase beim Atmen zu benutzen.

Wir üben die Nasenatmung durch wechselseitiges Zuhalten eines Nasenloches. Die Kinder werden angeleitet, die unterschiedlich temperierte Luft nach dem Zuhalten eines Nasenloches im Vergleich zum anderen Nasenloch zu empfinden.
Weiter müssen die Kinder lernen, die dosierte Lippenbremse beim Laufen anzuwenden.

SPIELEN UND ÜBEN MIT UND OHNE GERÄT

Die Kinder werden von uns – wie oben erwähnt – zur Mitarbeit und durch Benutzen der Nase und der Lippenbremse zum antiobstruktiven Verhalten geschult.
Wir verwenden das Trampolin, den Sportkreisel, Langbänke und lassen seilspringen. Außerdem verwenden wir Spiele zur Förderung von Geschicklichkeit und Reaktion, z. B. durch Bewegen in einem Parcours mit verschiedenen Geräten (*Abb. 46–49*) oder Spiele wie Feuer, Wasser, Blitz (Feuer = ins Wasser springen; Wasser = hochklettern; Blitz = stehenbleiben). Wir belasten die Kinder mit Laufspielen in Intervallformen, z. B. das Autospiel mit verschiedenen Gangarten (Vorwärtsgehen = 1. Gang; Laufen = 2. Gang; schnelles Laufen = 3. Gang; Rückwärtsgehen = Rückwärtsgang).

Abb. 46: Rutsche innerhalb eines Parcours.

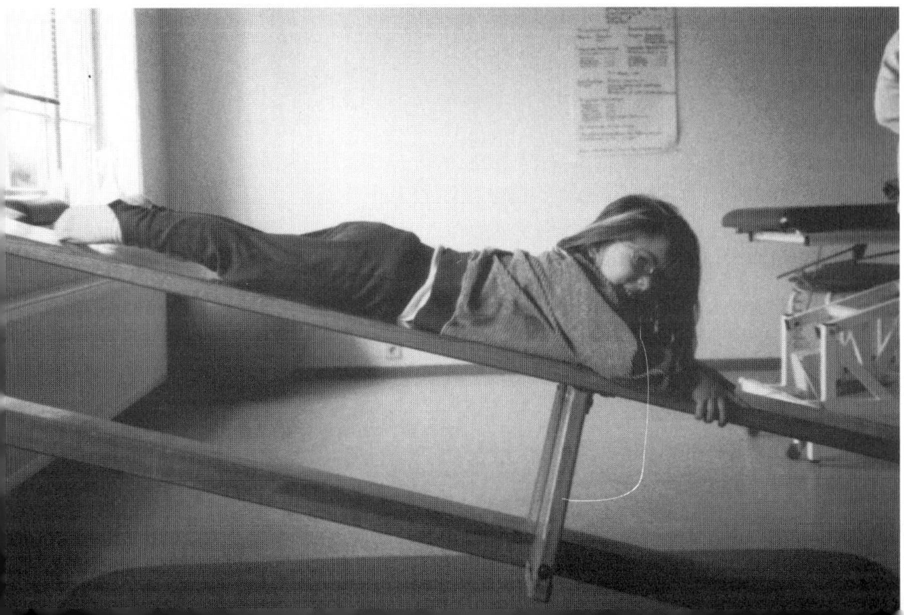

Abb. 47: Hochangeln auf der Langbank im Parcour.

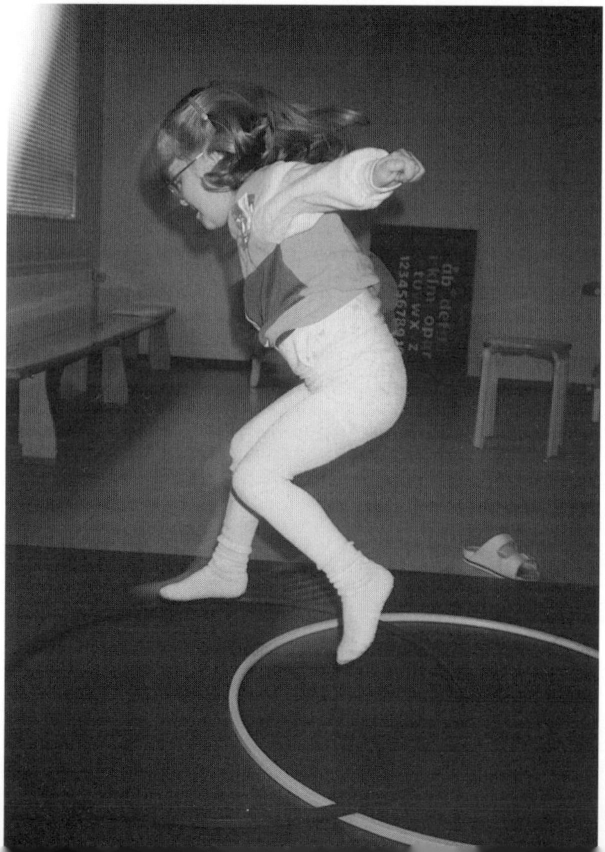

Abb. 48: Hüpfen in Reifen.

Abb. 49: Trampolinhüpfen.

Übungsbeispiele

- Bewegen mit dem Pezziball.
- Kind mit Ball hüpfen lassen, Kind rollt und schiebt den Ball, Kind hängt auf dem Rücken vom Ball ab, Kind hüpft auf dem Ball.
- Sportkreisel-Arbeit: Auf- und Absteigen, Stehen auf dem Kreisel, Gewicht verlagern, Auf- und Abspringen, über den Kreisel springen.
- Trampolin- und Seilspringen: Das Springen auf dem Trampolin sowie das Seilspringen dient der Ventilationssteigerung und damit einer Selbsteinschätzung der kleinen Patienten für ihre Leistungsfähigkeit. Dabei atmen sie durch die Nase ein und mit dosierter Lippenbremse aus.

  Anschließend ruhen sich die Kinder in einer atemerleichternden Körperstellung aus (*Abb. 50*).

Abb. 50: Ausruhen in atemerleichternder Stellung.

Bewegungsspiele und Partneraufgaben bei der Atemtherapie für Kinder mit obstruktiver Bronchitis oder Asthma bronchiale

SPRECH-, SING- UND BEWEGUNGSAUFGABEN FÜR SÄUGLINGE UND KLEINKINDER (6 MONATE bis 3 JAHRE)

Fingerspiele für Säuglinge mit obstruktiver Bronchitis und Kleinkinder bis 3 Jahre mit Asthma bronchiale

(Die Spiele fördern die Kommunikation zwischen Behandler/-in und Kind).

Das ist der Daumen,	Behandler zeigt den Daumen
der schüttelt die Pflaumen,	Zeigefinger zeigen
der sammelt sie auf,	Mittelfinger zeigen
der trägt sie nach Haus,	Ringfinger zeigen
und der Kleine ißt sie alle auf.	Kleinen Finger zeigen.

Steigt ein Kindlein auf den Baum
hoch, so hoch, man glaubt es kaum,
steigt von Ast zu Ästchen, guckt ins Vogelnestchen,
Hei, da kracht es, hei da lacht es.
Plumps, da liegt es unten.

(Anleitung durch den Behandler: Einen Unterarm senkrecht halten und die Finger spreizen [Baum und Äste], Raum zwischen Daumen und Zeigefinger ist das Vogelnest. Die Finger des anderen Armes klettern am senkrecht stehenden Unterarm hoch, »hüpfen« von Finger zu Finger, »gucken« in das Nest, fallen in den Raum zwischen Daumen und Zeigefinger hinein.)

Ein Männlein geht die Treppe rauf (am Arm hochkrabbeln),
klingelt an (am Ohr ziehen),
klopf-klopf-klopf (an der Stirn tipsen),
guten Tag Herr Nasemann (an der Nase zupfen).

Da hast'nen Taler (über die Handfläche des Kindes streichen),
geh auf den Markt, kauf dir 'ne Kuh und ein Kälbchen dazu,
das Kälbchen hat 'n Schwänzchen, didel didel dänzchen (die Hand des Kindes kitzeln).

Geflogen kommt ein Spatz (Faust, Daumen und Zeigefinger bilden einen Schnabel),
geschlichen kommt die Katz (die andere Hand).
Schon hebt sie an zum Springen,
will's Spätzchen gleich verschlingen (Hand anheben).
Da ist im hohen Bogen (andere Hand auf den Kopf) *der Spatz davon geflogen.*
Er setzt sich auf das Dach und lacht die Katze aus (Schnabel auf und zu).

In unserm Häuschen
sind schrecklich viele Mäuschen.
Sie kribbeln und krabbeln (Finger krabbeln),
sie tippeln und tappeln (Füße tippeln)
auf Tischen und Bänken, auf Stühlen und Schränken.
Sie stehlen und naschen
und will man sie haschen,
husch – sind sie alle fort.

Die linke Hand ist der Stall,
die Finger sind die Tiere all.
Dieser Daumen ist das Schwein,
dick und fett, so soll es sein.
Zeigefinger ist das Pferd,
von dem Reiter hoch verehrt.
Mittelfinger ist die bunte Kuh,
die macht immer: Muh, Muh, muh!
Ringfinger ist der Ziegenbock
mit dem langen Zottelrock.
Dieses kleine Fingerlein
soll mein liebes Schäfchen sein.
Tiere laufen im Galopp,
laufen immer hopp, hopp, hopp.
Schnell noch in den Stall hinein,
denn es wird bald dunkel sein.

BEWEGUNGSSPIELE UND PARTNERAUFGABEN FÜR KLEIN- UND SCHULKINDER MIT ASTHMA BRONCHIALE

Die Übungen werden der psychomotorischen Entwicklung und der Tagesform des Kindes angepaßt. Sie setzen im Spiel einen Atemreiz und schulen das Erkennen der individuellen Belastungsgrenze. Sie fordern aber auch die Beweglichkeit und Ausdauer und geben den Kindern spielerisch Zutrauen in ihre motorischen Fähigkeiten.

- Geschicklichkeitsaufgaben
- Laufspiele
- Sprechverse und Singverse mit Bewegen
- Reaktionsaufgaben.

GESCHICKLICHKEITSAUFGABEN

Übungen mit dem Pezziball

- Sitz auf dem Ball (*Abb. 51*) mit aufgerichteter Wirbelsäule
- im Sitz auf und ab hüpfen
- Gewicht nach rechts und links verlagern
- Arme ausbreiten – vor- und rückdrehen (*Abb. 52*).

51

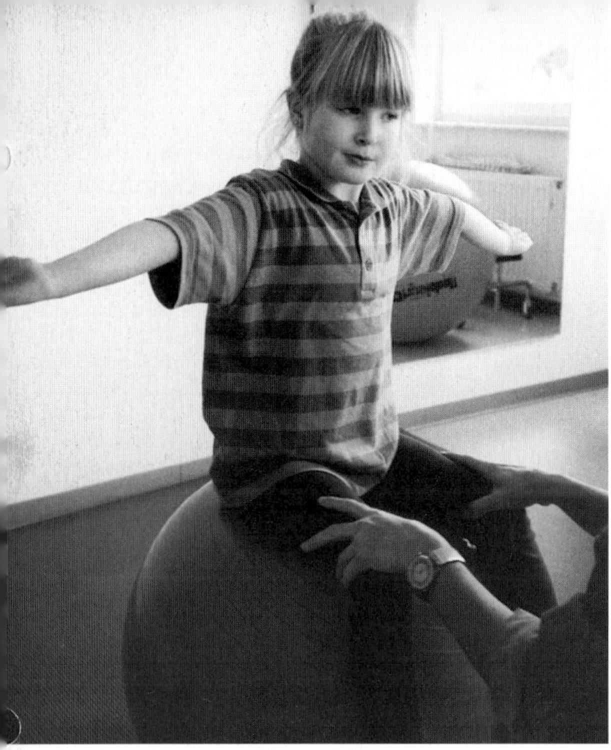

Abb. 51: Sitz auf dem Ball mit aufgerichteter Wirbelsäule.

52

Abb. 52: Rumpfrotation.

- Bauchlage auf dem Ball (*Abb. 53*)
- Hände nach unten (*Abb. 54*)
- Arme waagerecht halten
- mit den Händen am Spiegel hochkrabbeln (*Abb. 55*).

Abb. 53: Bauchlage auf dem Ball.

Abb. 54: Kopftieflage.

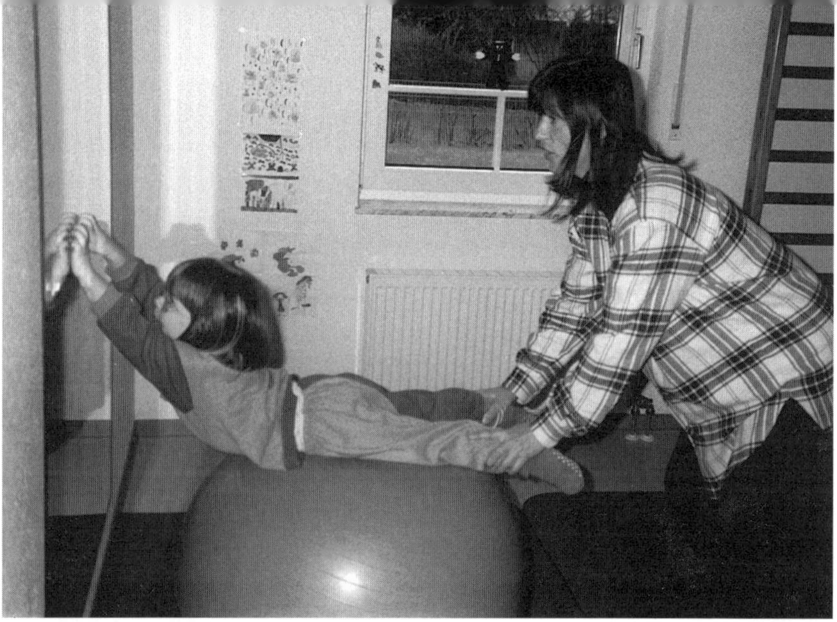

Abb. 55: Mit den Händen am Spiegel hochklettern.

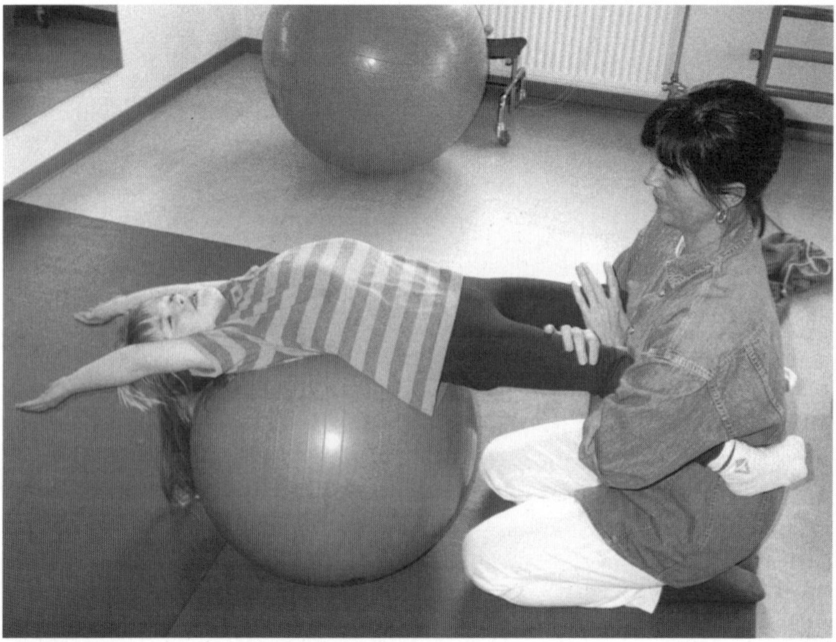

Abb. 56: Rückenlage auf dem Ball.

- Rückenlage auf dem Ball (*Abb. 56*)
- Von Rückenlage in Bauchlage drehen.
- Doppelrolle: Auf zwei Bällen (zwischen den Bällen muß ein kleiner Abstand sein) vor- und zurückrollen, schlängeln, seitlichrollen (*Abb. 57*).

Abb. 57: »Doppelrolle«.

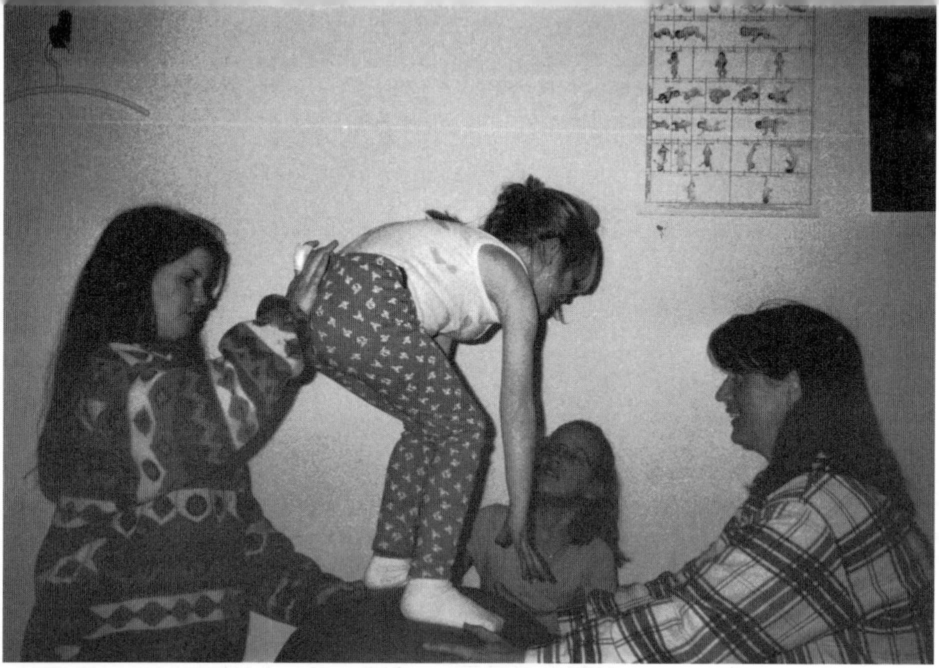

Abb. 58: Hocken auf dem Ball.

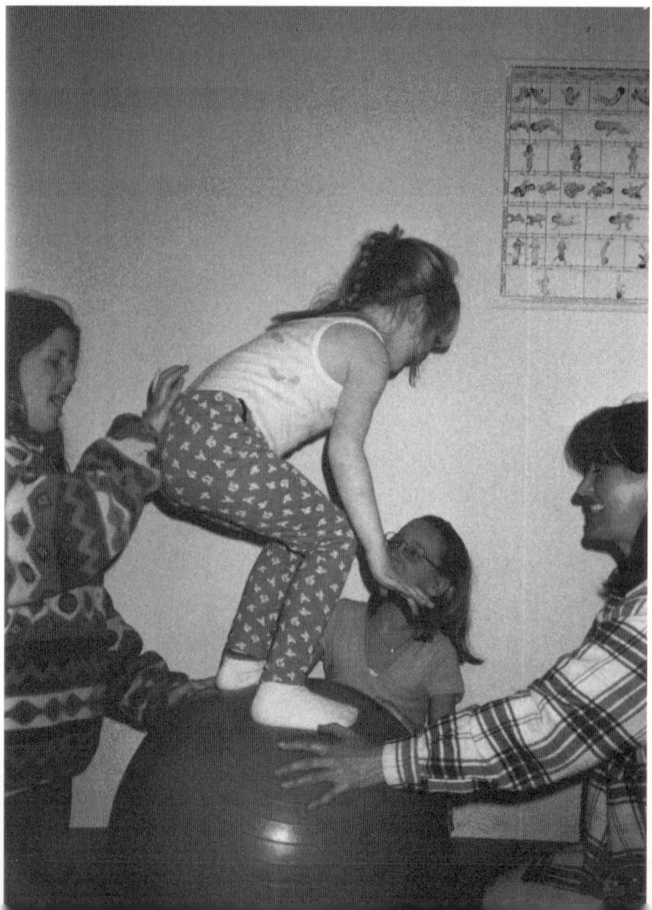

Abb. 59: Stehversuch auf dem Ball.

Abb. 60: Hüpfen auf dem Ball durch den Raum, Ball mit den Händen hinter dem Rücken vorwärtsrollen.

- Hüpfen auf dem Ball durch den Raum, Ball hinter dem Rücken mit den Händen vorwärts rollen (*Abb. 60*).
- Über den Ball auf den Händen vorwärtslaufen (*Abb. 61*).
- 3–4 Kinder sitzen im Kreis. Ein Pezziball wird nach rechts zum nächsten gerollt, erst langsam, dann schneller, dann Richtung ändern. Ein zweiter/dritter/vierter Pezziball wird dazugenommen.
- *Klatschspiel:* Sitz auf dem Ball, die Hände von Patient und Therapeut klatschen gegeneinander und dann aneinander im Takt zum Vers: (*Abb. 62*)

Bei Meyers hat's gebrannt-brannt-brannt,
da sind wir hingerannt-rannt-rannt,
da kam die Polizei-zei-zei,
da war schon alles vorbei-bei-bei.

Abb. 61: Über den Ball auf den Händen vorwärtslaufen.

Abb. 62: Klatschspiel.

Spiele mit dem Gymnastikball

- im Vierfüßlerstand Kopfstoß gegen Ball zum Rollen auf dem Boden
  - durch ein Tor (Hocker) (*Abb. 63*)
  - gegen Kegel
  - zu Paaren gegenüber rollen, werfen.

Abb. 63: Ball durch ein Tor rollen.

- *Krebsfußball*

  Im Sitz stützt man sich hinter dem Körper auf beiden Händen ab, der Po wird hochgehoben, um im Krebsgang auf Händen und Füßen zu laufen. Der Ball wird zwischen zwei Partnern oder zwei Gruppen über eine Linie hin- und hergerollt.

- *Tunnelball*

  Die Spieler stehen im Liegestütz oder machen eine Brücke und rollen den Ball durch den »Tunnel« (*Abb. 64, Abb. 65*).

- *Wanderball*
  - Die Spieler stehen hintereinander und reichen den Ball über die Köpfe nach hinten. Der letzte Spieler läuft vor und gibt den Ball erneut nach hinten.
  - Der Ball wird durch die gegrätschten Beine nach hinten gereicht.

Abb. 64: Tunnelspiel in Rückenlage.

Abb. 65: Tunnelsspiel in Bauchlage.

- ○ Der Ball wird vom ersten Spieler über den Kopf zum nächsten Spieler nach hinten gereicht, der reicht ihn durch die gegrätschten Beine zum hinteren Spieler und dieser gibt ihn wieder über den Kopf weiter. Der letzte Spieler bringt ihn nach vorne und beginnt von neuem.
- ○ Die Spieler sitzen im Langsitz hintereinander. Den Ball hat der erste Spieler zwischen den Füßen und reicht ihn mit dem Überschlag zum Spieler, der hinter ihm sitzt.

Spielen mit dem Luftballon

- Balancieren eines Luftballons auf dem Zeigefinger.
- Stöße des Luftballons mit dem Körper im Stehen
  - ○ Kopfstoß / Bruststoß / Kniestoß / Fußstoß (2–3mal wiederholen); Ballon darf nicht auf dem Boden landen.

Abb. 66: »Ballon über die Schnur«.

- Kinder sitzen zu zweit oder dritt auf der Matte: Handstöße oder Fußstöße gegen den Luftballon und sich diesen zustoßen.
  Ballon darf nicht auf der Matte landen (2–3mal wiederholen).
- Luftballon mit Händen im Raum treiben ohne zu landen, dabei Zeit (1–2 Minuten) vorgeben.
- Luftballon über Zauberschnur kicken.
  Der Ballon darf im eigenen Feld 3mal angestoßen werden, dann muß er über die Schnur. Wenn er den Boden berührt, gibt es einen Strafpunkt. Nach 5 Punkten Pause und Seitenwechsel. (*Abb. 66*)

Übungen mit dem Seil

- Gehen neben dem in Kreisen oder Längen liegenden Seil.
- Treten auf das Seil: Die Behandlerin steht dem Kind gegenüber und hält das Springseil in der Hand, das mit dem anderen Ende auf dem Boden liegt.

Die Behandlerin geht rückwärts und läßt das Seilende auf dem Fußboden hin- und herschlängeln.
Das Kind versucht, es durch Fußtritte festzuhalten.
Dann werden die Aufgaben gewechselt, d. h. das Kind nimmt das Seil und schlängelt es hin und her.
Die Behandlerin tritt auf das Seil (2–4maliger Wechsel).

- Seil hin- und herschwingen / durchlaufen / darüberspringen.
- Seil rund schwingen / durchlaufen / darüberspringen.
- Seilspringen üben.

LAUFSPIELE

Verbesserung der Selbsteinschätzung der Tagesform in bezug auf Atemnot, d. h. Schulung des Tempogefühls.

Autospiel

Mehrere »Gänge« wechseln mit Stehen.
Das Kind bewegt sich im Raum und wechselt die Gänge und das Stehen auf Zuruf der Behandlerin:

Zuruf	Bewegung
Bremse	Stehen
Erster Gang	langsames Gehen
Zweiter Gang	langsames Laufen
Dritter Gang	schnelles Laufen
Rückwärtsgang	Rückwärtsgehen

Beim schnellen Laufen »dosierte Lippenbremse« anwenden; Dauer jeden Ganges ca. 30–60 Sekunden; Gesamtdauer des Laufspiels ca. 5 Minuten.
Nachher sollen sich die Kinder mit dosierter Lippenbremse in der Torwartstellung ausruhen.

Abb. 67: »Feuer-Wasser-Blitz«.

Feuer, Wasser, Blitz (3–4 Kinder)

Die Kinder laufen im Kreis um den »Teich« herum.
Beim Zuruf »Feuer« springen sie in den Teich, beim Zuruf »Wasser« klettern sie auf Geräte (Hocker, Leiter, Bank), die im Raum stehen, um kein Wasser an die Füße zu bekommen. Bei Zuruf »Blitz« bleiben sie wie vom Blitz getroffen stehen. (*Abb. 67*)

Der Riese schläft (3–10 Kinder)

Der Riese (Therapeut) liegt auf einer Seite des Gymnastikraumes und schläft ganz fest.
Die Kinder schleichen sich von der anderen Seite des Raumes leise zu ihm heran und kitzeln ihn. Plötzlich springt der Riese auf und jagt die Kinder auf ihren Platz zurück. (*Abb. 68a, 68b*)

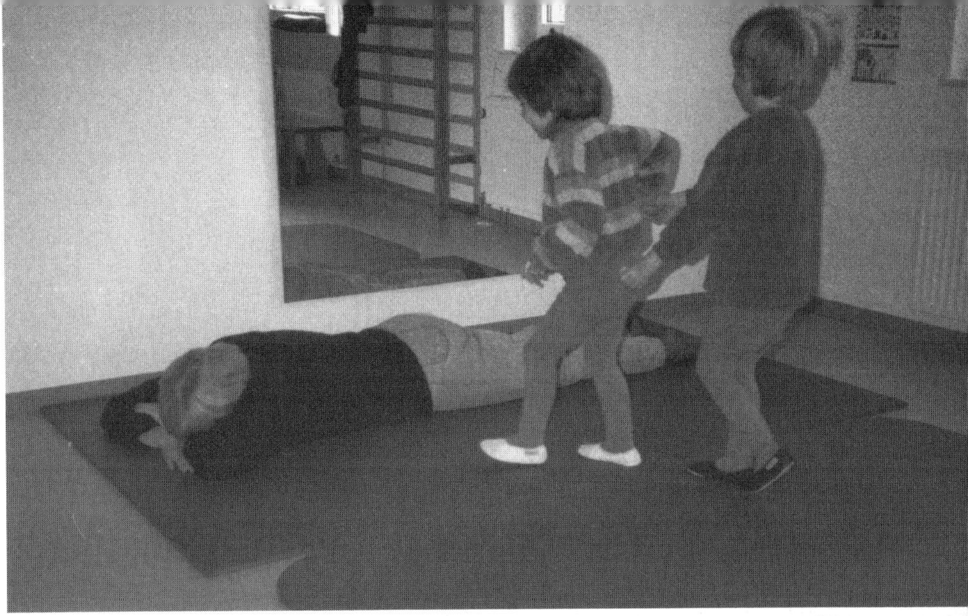

68a △

68b ▽

Abb. 68a–b: »Der Riese schläft«.

Bäumchen wechsel Dich

Die Spieler stehen im Kreis und malen einen Kreis um sich.
Ein Spieler steht in der Mitte, darf jedoch keinen Kreis malen, aber das Kommando »Bäumchen wechsel Dich« geben, worauf alle Spieler ihren Kreis verlassen, um sich einen neuen Platz zu suchen. Der Mittelspieler spielt mit.
So geht bei diesem Platzsuchen ein Spieler leer aus, er darf dann das nächste Spiel eröffnen.
Das Spiel kann auch mit Hockern oder Pezzibällen gespielt werden.

Das Schiff geht unter

Die Spieler laufen durch den Raum. Auf den Ruf des Spielleiters »Das Schiff geht unter« versuchen alle Spieler den angegebenen Platz (z. B. Sprossenwand, Turnbank, Hocker) zu erreichen. Wer sich zuletzt rettet, scheidet aus oder setzt aus und gibt das Kommando.

Der Plumpsack geht um

Die Spieler sitzen im Kreis.
Ein Spieler läuft mit dem Säckchen in der Hand um den Kreis herum. Er läßt das Säckchen hinter einem Spieler fallen, ohne daß dieser es bemerkt. Bemerkt er dieses doch, springt er auf und läuft hinter dem Plumpsack her.
Wer von den beiden zuerst an dem leeren Platz ist, setzt sich in den Kreis und der andere ist dann der Plumpsack.

Text

Der Plumpsack geht um
und wer sich umdreht oder lacht,
der kriegt den Buckel schwarz gemacht.

SPRECHVERSE UND SINGVERSE MIT BEWEGEN

Schustervers

Kind(er) und Behandler(in) sitzen sich im Schneidersitz gegenüber.

(Vers und Bewegung 2mal wiederholen)

Text	Bewegung
Bin ein Schuster, *tief im Duster,* *mache Schuhe,* *ohne Ruhe,* *ohne Essen,* *alles hat die Katz' gefressen,* *Pfui!*	Hin- und Herwiegen des Oberkörpers mit Fingertippen seitlich auf den Boden im Sprechrhythmus. Bei »Pfui« einmal in die Hände klatschen.

Sägevers

Zwei Kinder oder Behandler(in) und ein Kind stehen nebeneinander mit Handfassung vor den Körpern im Kreuzgriff, d. h. die Partner fassen sich jeder mit rechter und linker Hand.

(Vers und Bewegung 2mal wiederholen)

Text	Bewegung
Zwei Männer (Frauen) gehen in den Wald und sägen einen Baum, *so schnell, so schnell, so schnell,* *man glaubt es kaum;* *so schnell, so schnell, so schnell,* *man glaubt es kaum.*	Die Paare gehen geradeaus mit der Handfassung, beim Text »so schnell« stellen sie sich gegenüber und führen im Sprechrhythmus in gleicher Handfassung Vor- und Rückwärtsbewegungen der Arme aus.

Schneidervers

Kind(er) und Behandler(in) sitzen sich gegenüber. (2mal wiederholen)

Text	Bewegung
Neunundneunzig Schneider, die wiegen hundert Pfund, und wenn sie die nicht wiegen, dann sind sie nicht gesund.	Kinder und Behandler(in) klatschen im Sprechrhythmus abwechselnd: – in die Hände,
Ja, neunundneunzig Schneider, die wiegen hundert Pfund, und wenn sie die nicht wiegen, dann sind sie nicht gesund.	– auf die Brust,
Ja, neunundneunzig Schneider, die wiegen hundert Pfund, und wenn sie die nicht wiegen, dann sind sie nicht gesund.	– auf die Oberschenkel.

Handwerkerlied (Kleinkind- und frühes Schulkindalter)

Behandler(in) und Kind(er) sitzen sich gegenüber.

Text	Bewegung
Wer will fleißige Handwerker sehn, der muß zu uns Kindern gehn.	Im Singtakt in die Hände klatschen:
• *Stein auf Stein, Stein auf Stein, Häuschen wird bald fertig sein.*	• Fäuste werden übereinander von unten nach oben bewegt.
• *Oh wie fein, oh wie fein, Glaser setzt die Scheiben ein.*	• Mit beiden Händen Vierecke in die Luft machen.
• *Tauchet ein, tauchet ein, Maler streicht die Wände fein.*	• Mit einer Hand Streichbewegungen von oben nach unten.
• *Zisch-zisch-zisch, zisch-zisch-zisch, Tischler hobelt glatt den Tisch.*	• Mit der Faust der einen Hand über den waagerecht gehaltenen Unterarm streichen.

• *Poch-poch-poch, Poch-poch-poch,* *Maurer kleistert zu das Loch.*	• Mit der Faust gegen den Rücken der anderen »pochen«
• *Trapp-trapp-trapp, trapp-trapp-trapp,* *Maurer traben wieder ab.*	• Kinder klatschen im Takt in die Hände.

Pitsch-Patsch-Pinguin

Ein kleiner Pinguin steht einsam auf dem Eis. *Pitsch-Patsch-Pinguin,* *jetzt läuft er schon im Kreis.* *Und der Nordwind weht übers weite Meer.* *Pitsch-Patsch-Pinguin,* *da friert er aber sehr.* *Und er sucht sich einen anderen Pinguin.* *Pitsch-Patsch-Pinguin,* *sie kitzeln sich am Kinn.* *Zwei kleine Pinguine laufen übers Eis.* *Pitsch-Patsch-Pinguin,* *sie watscheln schon im Kreis.*	Die Kinder sitzen auf dem Boden, eines watschelt wie ein Pinguin um die anderen herum und sucht sich einen zweiten Pinguin aus.
Und der Nordwind weht übers weite Meer. *Pitsch-Patsch-Pinguin,* *da friern sie aber sehr.* *Und jeder sucht sich einen andern Pinguin.* *Pitsch-Patsch-Pinguin,* *sie kitzeln sich am Kinn.* *Vier kleine Pinguine laufen übers Eis.* *Pitsch-Patsch-Pinguin,* *sie watscheln schon im Kreis.*	Die Kinder im Kreis machen mit den Armen Wind.
Horch, was brummt denn da? *Das muß ein Eisbär sein!*	Das letzte Kind spielt den Bär.

Und sie ducken sich und machen sich ganz klein.
Und der Eisbär tappt schon heran. Oh Schreck!
Pitsch-Patsch-Pinguin, da watscheln alle weg.

Kreisspiel: Wir öffnen das Taubenhaus (6 Kinder)

Wir öffnen jetzt das Taubenhaus,
die Tauben fliegen zum Tor hinaus.
Sie fliegen wohl über die weite Welt,
wo's ihnen grad so gut gefällt.
Und kehren sie ein in süßer Ruh,
dann schließen sie wieder das Taubenhaus zu.
Ruhu, ruhu, die Türe ist zu! Ruhu, ruhu, die Türe ist zu!

Die Kinder stehen im Kreis und fassen sich an den Händen. 2–3 Kinder sind die Tauben im Kreis, die aus dem Haus herausfliegen. Dazu heben die anderen Kinder die Arme hoch und machen den Kreis größer. Die Tauben laufen im Raum herum und fliegen dann wieder in das Taubenhaus zurück.

Löwenjagd

»Heute gehen wir auf Löwenjagd.« (Hände auf die Oberschenkel legen und gehen)
»Was ist das?« »Ein Löwe!«
»Da vorn ist eine Wiese.« (Alle steigen über das hohe Gras.)
»Jetzt kommt ein Sumpf.« (Schuhe ausziehen, Strümpfe ausziehen und durch den Sumpf waten, bei jedem Schritt schnalzen. Alle Sachen wieder anziehen und weitergehen.)
»Jetzt kommt ein Fluß.« (Schuhe und Strümpfe ausziehen und auf den Kopf legen, dann auf dem Bauch durch den Fluß »schwimmen«. Am anderen Flußufer abtrocknen und Schuhe und Strümpfe wieder anziehen und weitergehen.)
Da ist die Höhle!« (Taschenlampe anknipsen. Vor lauter Schreck vor dem Löwen laufen alle Kinder wieder zurück.)

Der Elefant auf dem Spinnennetz

Ein Kind streckt die linke Hand als Rüssel nach vorne und reicht die rechte Hand durch die Beine nach hinten und geht im Kreis herum. Mit jeder Strophe kommt ein Kind dazu.

Text

Ein Elefant, der balancierte auf einem Spinnennetz.

Da rief er froh: Hurra es hält! Ich hole meine Freundin jetzt.

Zwei Elefanten, die balancierten auf einem Spinnennetz.
Da riefen sie froh: Hurra es hält! Da holen wir die Carolin jetzt.

Drei Elefanten, die balancierten auf einem Spinnennetz.
Da riefen sie froh: Hurra, es hält! Da holen wir den Thomas jetzt.

Wenn alle Kinder geholt sind, ist das Spiel beendet (auch über ein Seil oder über die Langbank balancieren).

REAKTIONSAUFGABEN

Blatt – Stein – Schere – Brunnen (für Schulkinder)

Text	Bewegung
PAPIER wickelt Stein ein, eins – zwei – drei:	Partner sprechen den Text, schlagen mit der Faust einer Hand 3mal in die Luft und nehmen dann eine der vier Positionen ein:
SCHERE schneidet Papier	SCHERE = gespreizter Zeige- und Mittelfinger.
STEIN schleift Schere	STEIN = Faust.
Stein fällt in den BRUNNEN	BRUNNEN = Finger einer Hand gebeugt halten, Zeigefinger der anderen Hand wird in die gebeugte Hohlhand hineingesteckt.

Regeln:

Die Paare knien gegenüber, schlagen gleichzeitig mit der Faust einer Hand in die Luft und führen dann die Positionen aus.
Es hat derjenige gewonnen, dessen Position die Stellung des anderen verändert.

- Beim Gegenüber von Papier und Stein hat Papier gewonnen,
- beim Gegenüber von Schere und Papier hat Schere gewonnen,
- beim Gegenüber von Stein und Schere hat Stein gewonnen,
- beim Gegenüber von Stein und Brunnen hat Brunnen gewonnen.

  Die Aufgabe Stein–Blatt–Schere–Brunnen wird ca. 5 Minuten geübt. Gewonnen hat der, der die meisten Gewinnpunkte hat.

ATEMÜBUNGEN MIT MALEN FÜR TIEFE ATEMZÜGE UND EINE VERLÄNGERTE EXSPIRATION

Behandler(in) und Kind sitzen vor dem Spiegel.
Mit löschbaren Filzstiften kann man gut auf dem Spiegel malen.
Das Kind beobachtet dabei die eigene Mundstellung und Atemform und kann die des Behandlers kopieren.
Mit den Malübungen macht es Spaß, das verlängerte Ausatmen zu üben.

Tausendfüßler

Während das Kind ausatmet, wird ein langes Bein gemalt, denn nur auf langen Beinen kann die Raupe laufen. Zur Belohnung dürfen der Raupe, wenn sie fertig ist, Schuhe gemalt werden.

Sonne und Regen

Aus der Wolke regnen Bindfäden bis auf das Haus und die Wiese (während der Ausatmung). Die langen Sonnenstrahlen lassen die Blumen wachsen. Aus dem Schornstein steigt Rauch.

Bienenstock

Die Bienen fliegen zum Bienenstock während der Ausatmung; die Exspiration kann auch mit Lautbildung wie »ssss« oder »pfpfpf« geübt werden.

Drache

Krake

Im Spiegel kann immer wieder die Thoraxbewegung bei der Inspiration kontrolliert werden und ob die Lippenbremse bei der Exspiration eingesetzt wird.

Anhang

HANDHABUNG DES DOSIERAEROSOLS

Da bei der Anwendung des Dosieraerosols häufig Fehler gemacht werden, hat es sich bewährt, die Handhabung durch Krankengymnasten kontrollieren zu lassen.

Handhabung zur Ausführung mit zwei Hüben:

- Dosieraerosol zwischen Daumen und Zeigefinger senkrecht halten;
- gut schütteln;
- Schutzkappe entfernen;
- tief ausatmen, dann Mundstück in den Mund nehmen und mit den Lippen gut umschließen;
- einatmen und durch Druck mit dem Zeigefinger auf Wirkstoffbehälter einen Sprühstoß auslösen;
- weiteratmen, am Ende der Einatmung die Luft ca. 5 Sek. anhalten;
- Dosieraerosol aus dem Mund nehmen und langsam ausatmen;
- einige ruhige Atemzüge anschließen und dann den zweiten Sprühstoß wie den ersten Stoß atmen.

EIN-SEKUNDEN-KAPAZITÄT

Mit der Messung des Volumens, das nach maximaler Inspiration in einer Sekunde forciert (schnell und kräftig) ausgeatmet werden kann, erhält man den FEV_1 = forciertes exspiratorisches Volumen pro Sekunde. Diese Messung dient zur Feststellung einer Obstruktion der Atemwege.

PEAK-FLOW-WERT

Der Peak-Flow-Wert ist die, mit einem Peak-Flow-Meter gemessene, maximale exspiratorische Luftströmung in den Atemwegen. Der Wert gibt den Peak-Flow (Spitzenfluß) bei der Ausatmung an und informiert über die aktuelle Bronchialweite bei zur Obstruktion neigenden Bronchien.

Eltern und Kinder werden vom Arzt angehalten, die Werte morgens und abends zu messen und darüber ein Protokoll zu führen. Aus den Protokollen erkennt der Arzt die Wirkung der medikamentösen Therapie und den Schweregrad der Atemwegsobstruktion. Eltern und Kinder können die tägliche Weite ihrer Bronchien vor allem dann gut einschätzen, wenn noch keine subjektive Atemerschwerung eingetreten ist.

Bei schlechtem Peak-Flow-Wert sollten sich die Kinder bei körperlicher Belastung »vorsichtiger« verhalten, d. h. Pausen einschalten und stets mit dosierter Lippenbremse laufen.

Abnahme des PEAK-FLOW-Wertes:

– bei 20%	– keine Maßnahmen
– bei 20–50%	– medikamentöse Therapie intensivieren
– bei mehr als 50%	– Arzt bzw. Klinikaufenthalt.

KONZEPT VOM PUNKT GLEICHEN DRUCKES = EQUAL PRESSURE POINT (EPP)

Luft strömt auf Grund von Druckdifferenzen stets vom höheren zum niedrigeren Druck. Beim Ausatmen fällt der Bronchialdruck (P_{br}) vom hohen intraalveolaren Druck zum niedrigeren Atmosphärendruck ab. Dabei entsteht in den Bronchien eine Stelle, an dem P_{br} gleich dem Druck des umgebenden Lungengewebes ist, der dem Pleuradruck (P_{pl}) entspricht. Diese Stelle wird Punkt gleichen Druckes = equal pressure point (EPP) genannt. Mead et al. unterteilen die Atemwege in zwei Abschnitte. Im stromabwärts in Richtung Mund gelegenen Abschnitt ist P_{br} kleiner als P_{pl}, so daß die Atemwege komprimiert werden. Das behindert den Ausatemluftstrom und den Sekrettransport. Stromauf vom Punkt gleichen Druckes, d. h. in Richtung zu den Alveolen, bleiben die Atemwege offen, weil P_{br} größer ist als P_{pl}. (Ausatmen gegen Lippenbremse, s. Abb. 22a, 22b, S. 49).

HUSTENVORGANG

Husten ist ein Reflex, der durch Reizung sog. Hustenrezeptoren im Bereich des Kehlkopfes (Larynx), der Luftröhre (Trachea) und der großen Bronchien ausgelöst wird.

Beim Hustenvorgang wird nach tiefer Einatmung die Stimmritze (Glottis) geschlossen und durch Kontraktion der Ausatemmuskeln (Thoraxwand-, Bauch- und Rückenmuskeln) der intrathorakale und intraabdominale Druck (d. h. der Druck im Brust- und Bauchraum) erhöht. Dann wird die Stimmritze plötzlich geöffnet und die Luft strömt mit großer Geschwindigkeit heraus. Dabei befördert sie den Schleim in den Mund, von wo aus dieser nach außen abgegeben oder verschluckt wird.

ALLERGIE – ATOPIE = SPEZIFISCHE REIZWIRKUNG

Allergie ist die Bezeichnung für eine *Überempfindlichkeit auf bestimmte Stoffe der Umgebung.*
Es handelt sich um eine spezifische Änderung der Abwehrlage des Organismus gegenüber primär nicht-krankmachenden Stoffen, die als Allergene bezeichnet werden. Sie können eingeatmet, berührt oder mit der Nahrung aufgenommen werden. Es gehören dazu Bestandteile des Hausstaubes, Blütenpollen, Tierhaare, Schimmelpilze, Bestandteile von Medikamenten und andere mehr.
Der Organismus bildet nun Abwehrstoffe (Antikörper) gegen diese Substanzen, die auch als Antigen bezeichnet werden. Es kommt zu einer Antigen-/Antikörperreaktion.
Normalerweise dienen diese Antigen-/Antikörperreaktionen dazu, eingedrungene Mikroorganismen (Viren, Bakterien etc.) sowie ihre Substanzen und Produkte, die als Antigene fungieren, zu neutralisieren. Bei Vorliegen einer Allergie kommt es auch zu einer solchen Antigen-/Antikörperreaktion, wobei das Antigen mit dem Allergen gleichzusetzen ist und die Antikörper bei der hier zu besprechenden Erkrankung mit im Kindesalter überwiegend allergischer Genese einer bestimmten Klasse zuzurechnen sind; nämlich der Klasse E der Immunglobuline (IgE-Antikörper).
Eng in Zusammenhang mit dem Allergiebegriff steht der Atopiebegriff (griechisch Atopos = ungewöhnlich).
Infolge einer erblichen Veranlagung reagiert ein Atopiker auf natürliche Allergene seiner Umwelt mit einer immunologisch vermittelten Überempfindlichkeitsreaktion (Antigen-/Antikörperreaktion). Es kommt zu Symptomen der Haut, des Magen-/Darmtraktes und der Atemwege. Die

Atopien sind in der Regel IgE-vermittelt, d. h. die für diese Reaktion verantwortlichen Antikörper gehören der IgE-Klasse an. Sie haben eine hohe Affinität zu bestimmten Zellen (Mastzellen) der Haut und der Schleimhäute. Kommt es auf der Oberfläche dieser Zellen zu einer Antigen-/Antikörperreaktion, indem zwei IgE-Antikörper von einem Antigen überbrückt werden, so werden aus diesen Mastzellen bestimmte Substanzen, die eine Entzündung vermitteln, freigesetzt. Diese sogenannten Mediatoren sind entweder präformiert – wie z. B. Histamin –, oder sie müssen infolge der Antigen-/Antikörperreaktion erst neu generiert werden wie die Leukotriene und Prostaglandine, was eine gewisse Zeit braucht und wodurch auch die Dualität einer allergischen Reaktion erklärt werden kann. Wir sprechen deshalb von einer Sofortreaktion und einer verzögerten Reaktion.

KALTE LUFT – KÖRPERLICHE ANSTRENGUNG – FORCIERTE AUSATMUNG = UNSPEZIFISCHE REIZWIRKUNG

Neben den Ursachen mit spezifischer Reizwirkung entsteht auch eine Atemwegsobstruktion infolge unspezifischer Reizwirkung. Die Reize sind kalte Luft, die eingeatmet wird, körperliche Anstrengung, z. B. schnelle Läufe, forcierte Ausatmung wie Hustenattacken, Lachen, lautes Rufen und Schreien. Diese Auslöser müssen bei der Erziehung zum »antiobstruktiven Verhalten« in der Atemtherapie – auch als Vorbereitung auf den Sport – besonders beachtet werden. Die Kinder werden entsprechend in ihrem Bewegungsverhalten geschult.

Prick-Test

Hauttest: verschiedene Allergene werden auf die Haut aufgetragen, sodann wird die Haut mit einer Lanzette oder Nadel angeritzt. Ist die Testperson gegen das Testallergen sensibilisiert, so kommt es innerhalb von 10 bis 20 Minuten zu Quaddelbildung und Hautrötung (urtikarielle Sofortreaktion).

RAS-Test

Radio-Allergo-Sorbent-Test: Im Blut werden die allergenspezifischen Antikörper der IgE-Klasse bestimmt.

LITERATUR

1 BERDEL, D.: »Asthmatherapie«, Kinderarzt Begleitheft, Heft 5 (1991). »Asthma bronchiale«, Monatsschrift Kinderheilkunde (1993) 141: 251–252, Springer Verlag, Berlin–Heidelberg–New York.

2 Deutsche Gesellschaft zur Bekämpfung der Mukoviszidose: »Physiotherapie bei Mukoviszidose/Cystische Fibrose«, 1. Auflage (1987).

3 EHRENBERG, H.: »Krankengymnastische Atemtherapie beim Asthma bronchiale im Kindes- und Jugendalter«, Atemw. und Lungenkrkh. 13 (1/1987) 18–22, Dustri Verlag, München.

4 KLEIN-VOGELBACH, S.: Ballgymnastik zur Funktionellen Bewegungslehre, (1981) Springer Verlag, Berlin–Heidelberg–New York.

5 LINDEMANN, H.: »Die Autogene Drainage, ein krankengymnastisches Verfahren zur Sekretelimination«, Krankengymnastik 41 (1989) 10, 1002–1005.

6 SIEMON, G., H. EHRENBERG: »leichter atmen – besser bewegen«, 3. Auflage (1991), Perimed Fachbuch Verlagsgesellschaft mbH, Erlangen.

7 SZCZEPANSKI, R. et al.: »Bessere Asthmatherapie durch bessere Körperselbstwahrnehmung«, Pädiat. Praxis 42, (1991) 245–250, H. Marseille Verlag.

PARI WALK
GANZ
SCHÖN
MOBIL
WALKBOY
PARI
KEMPF + TEUTSCH, MÜNCHEN
Zu Ha
bleiben, nur w
Sie inhalier
müss
Natürlich ni
Denn jetzt gibt's
PARI WALKB
Klein, leistungsst
und portabel. Und
elegant, daß Sie s
überall mit ihm se
lassen könn
PARI Gm
Moosstraß
D-82319 Starnb
Tel: 0 81 51/2 7
Fax: 0 81 51/2 79-
Spezialisten für effektive Inhalation
PARI

Sabine Kollmuß
Rückenschule für Kleinkinder und Kinder – ein Kinderspiel
Fachbuchreihe Krankengymnastik
ca. 200 Seiten mit ca. 100 Abbildungen, kartoniert
ISBN 3-7905-0715-6

Die praxisbezogene Rückenschule für Kinder zwischen dem 4. und 10. Lebensjahr basiert auf in Schule und Kindergarten erprobtem Material. Dabei ist ein Elternabend mit Arztvortrag ebenso integriert wie die Lehrerfortbildung. Theoretische Hintergründe werden durch Übungsbeispiele, kleine Spiele, Ideen zu Pantomime und Theater lebendig und nachvollziehbar.

Rodolfo Castillo Morales
Die Orofaziale Regulationstherapie
Fachbuchreihe Krankengymnastik
192 Seiten mit 205 Abbildungen, kartoniert
ISBN 3-7905-0575-7

»Nach gründlichem Studium dieses Buches mit seiner umfassenden anatomischen Beschreibung beteiligter Strukturen, mit bebilderter Darstellung dieser symptomatisch orientierten Therapie und hoher Sachkompetenz, kann es Kollegen, deren Patienten orofaziale Probleme zeigen, wärmstens empfohlen werden.«

Krankengymnastik

Margret Feldkamp u.a.
Krankengymnastische Behandlung der Infantilen Zerebralparese
Fachbuchreihe Krankengymnastik
4., neubearb. Aufl., 275 Seiten mit 249 Abbildungen, kartoniert
ISBN 3-7905-0547-1

Aufbauend auf der Pathologie des Hirnschadens und der entsprechenden Symptomatik werden Behandlungsabläufe nach Bobath, Vojta und Kabat geschildert und durch reichhaltiges Bildmaterial illustriert. Der Leser erhält ebenso Einblick in die Konduktive Erziehung nach Petö und die Behandlung der sensorischen Integrationsstörung nach Ayres wie in konservative und operative orthopädische Maßnahmen.

Richard Pflaum Verlag GmbH & Co. KG
Buchverlag: Lazarettstr. 4, 80636 München
Telefon: 089/12607-233, Telefax: 089/12607-200

Fachbuchreihe Krankengymnastik
Physikalische Therapie – Prävention – Rehabilitation

– eine Auswahl –

Ortrud Bronner
Der Ellbogen und seine funktionelle Behandlung nach Verletzungen
128 S. mit 150 Abb., kartoniert,
ISBN 3-7905-0553-6

Ortrud Bronner
Die Schulter und ihre funktionelle Behandlung nach Verletzungen und bei rheumatischen Erkrankungen
2., überarb. u. ergänzte Aufl.,188 S. mit 130 Abb., kartoniert
ISBN 3-7905-0626-5

Ortrud Bronner
Die untere Extremität und ihre funktionelle Behandlung nach Verletzungen und Erkrankungen
264 S. mit 156 Abb., kartoniert,
ISBN 3-7905-0645-1

Thomas Einsingbach
Muskuläres Aufbautraining
in der Krankengymnastik und Rehabilitation
158 S. mit 132 Abb., kartoniert
ISBN 3-7905-0574-9

Thomas Einsingbach
PNF in Orthopädie und Traumatologie
108 S. mit 90 Abb., kartoniert
ISBN 3-7905-0532-3

Otto Gillert/Walther Rulffs/
Konrad Boegelein
Elektrotherapie
3., vollst. überarb. u. erweiterte Aufl., Neuausgabe
288 S. mit 276 Abb., kartoniert
ISBN 3-7905-0692-3

Otto Gillert/Walther Rulffs
Hydrotherapie und Balneotherapie in Theorie und Praxis
11., völlig neu bearb. Aufl., Neuausgabe
265 S. mit 75 Abb., kartoniert
ISBN 3-7905-0586-2

Beatrice Göhler
PNF und Alltag
Rein in den Rahmen – Ran an den Schmerz
151 S. mit 194 Abb., kartoniert
ISBN 3-7905-0635-4

Anneliese tum Suden-Weickmann (Hg)
Physiotherapie in der Geriatrie
Grundlagen und Praxis
311 S. mit96 Abb., kartoniert
ISBN 3-7905-0618-4

Hella Krahmann/Heiko Steiner
Krankengymnastik in Geburtshilfe und Frauenheilkunde
2., überarb. u. ergänzte Aufl., 275 S. mit 114 Abb., kartoniert
ISBN 3-7905-0617-6

Hans Loeweneck
unter Mitarbeit von Ingeborg Liebenstund
Funktionelle Anatomie für Krankengymnasten
Ein Lehr-, Lern- und Arbeitsbuch
2. überarb. und erweiterte Aufl., 426 S. mit 88 Abb. und 120 Tab., gebunden,
dazu Beiheft mit 80 S. Zeichenvorlagen
ISBN 3-7905-0682-6

Werner Wenk
Der Schlingentisch
2., vollst. überarb. u. erweiterte Aufl.
287 S. mit 321 Abb., kartoniert
ISBN 3-7905-0683-4

Bitte fordern Sie das Gesamtverzeichnis unserer Reihe an.

Richard Pflaum Verlag GmbH & Co. KG
Buchverlag: Lazarettstr. 4, 80636 München
Tel. 089/12607-233, Fax 089/12607-200